清末民初文獻叢刊

續富國策

[清]陳熾 撰

朝華出版社
BLOSSOM PRESS

圖書在版編目（CIP）數據

續富國策 / (清) 陳熾撰. -- 北京 : 朝華出版社,
2018.8
（清末民初文獻叢刊）
ISBN 978-7-5054-4294-8

Ⅰ. ①續… Ⅱ. ①陳… Ⅲ. ①經濟思想史－研究－中國－古代 Ⅳ. ①F092.2

中國版本圖書館CIP數據核字(2018)第151700號

續富國策

作　　者 [清]陳　熾

選題策劃 楊麗麗　尚論聰
責任編輯 劉小磊
特約編輯 王春蕾
責任印制 張文東　陸競贏
封面設計 劉敬偉

出版發行 朝華出版社
社　　址 北京市西城區百萬莊大街24號　　郵政編碼 100037
訂購電話 （010）68996618 68996050
傳　　真 （010）88415258（發行部）
聯系版權 j-yn@163.com
網　　址 http://zhcb.cipg.org.cn
印　　刷 藝堂印刷（天津）有限公司
經　　銷 全國新華書店
開　　本 880mm×1230mm 1/32　　字　　數 92千字
印　　張 12.5
版　　次 2018年8月第1版　2018年8月第1次印刷
裝　　別 精
書　　號 ISBN 978-7-5054-4294-8
定　　價 95.00元

出版前言

中國自一八四〇年鴉片戰爭以來，傳統的農業文明在西方的堅船利炮轟擊之下徹底被顛覆，有擔當的知識分子苦苦追尋，思索社會改革的途徑。從最初的『師夷長技以制夷』到『民主制度，天下之公理』（梁啓超語），他們發現要『强國富民』，首先要『開啓民智』，衹有民衆擁有了獨立思想和批判精神，國家纔能實現真正的强大。在此後一百年的時間裏（一八四〇—一九四九），思想者們從社會變革深入到國民性的改造，用每一部作品見證着中國近代化的遞變歷程。這是一個極其重要的時代，《清末民初文獻叢刊》正是收録了這一時期的作品，大部分書籍都是早期版本，有着極高的文獻研究價值。

清末的中國經歷了『三千年來未有之大變局』（李鴻章語），大清王朝面對西方列强的艦炮，表現得驚慌失措。尤其是鴉片戰爭，使『天朝帝國萬世長存的迷信受到了致命的打擊，野蠻的、閉關自守的、與文明世界隔絶的狀態被打破了』（《馬克思恩格斯選集》）。一批士大夫知識分子，尤其是在歐美諸國擔任使臣或者游歷的知識分子最先覺醒，着眼于對西方國家的考察，進而反省本國政治制度的劣勢，可以視作『啓蒙』的端倪。如曾擔任駐英公使（兼任駐法公使）的郭嵩燾在《使西紀程》中以日記的形式記録了自己對歐西諸國的觀感，他在考察了英國的政治制度之後，發現英國政府官員收入超過三百磅者與普通老百姓一樣同等納税，他説：『此法誠善，然非民主之國，則勢有所不行。西洋所以享國長久，君民兼主國政故也。』他明確提出了『民主』，在國家的管理問題上，人民也有參與的權利。他在該書中所披露的西方政治、經濟、文化等領域優于大清帝國這一事實觸動了保守派的神經，立刻遭到保守派群起而攻之，進士何金壽彈劾他『有二心于英國，欲中國臣事之』，他家鄉湖南的民衆對他更是痛加詆毀，以至于滿城揭帖，誣蔑他『溝通洋人』，在這種群情洶洶的情況下，朝廷最後下旨將《使西紀程》毁版，從而使該書成了禁書。然而，書雖被毁版，却不能堵死民衆的傳播與閲讀的途徑，上海的《萬國公報》依舊連載該書，張佩綸曾説：『朝廷禁其書，而新聞紙接續刊刻，中外傳播如故也。』從某種意義上來説，啓蒙是時代的需要，盡管清政府發諭旨禁了該書，民衆乃至一些朝廷大員却依舊在私下閱讀，以便瞭解外部的世界。進步的社會是開放性的，任何企圖『閉關鎖國』的努力都意味着歷史的倒退，衹有開放，與整個世界文明保持同等的步伐，纔能實現真正的强國之夢。當大批知識分子走出閉鎖的國門，親歷了文明的洗禮之後，也就把啓蒙的智識帶回了中華大地。容閎的《西學東漸記》，梁啓超的《新大陸游記》，崔國因的《出使美日秘日記》等一大批作品介紹了海外諸國的政治、經濟、軍事、外交、文化。雖然這些作品在認識上仍然帶有時代的局限性，然而却是那時最爲珍貴的聲音。

另一方面，在學術上，中國文化母體内『經世致用』思想與資産階級思想相結合，也喚起了變革，以康有爲、梁啓超爲首的改良派試圖通過自上而下的革新以實現變革。康有爲的《新學僞經考》《孔子改制考》就是借經學之表論資産階級學説之裏的著作，康有爲的弟子梁啓超更是通過《新民説》一書提出國民性改造。與早期啓蒙者『師夷長技』的器物文明引進不同，梁啓超上升到形而上的精神領域，從文化心理上更加徹底地進行變革。梁氏是清朝末年到民國初年一個橋梁式的人物，被譽爲『輿論之驕子，天縱之文豪』，其影響力不但在學術領域，同時還在文學領域，他所倡導的『詩界革命』得到了譚嗣同、黃遵憲、丘逢甲等人的響應，黃遵憲的《日本雜事詩》，丘逢甲的《嶺雲海日樓詩鈔》都體現了這種主張。這一主張要求反映新的時代和新的思想，用『我手寫我口』（黃遵憲語）的方式直抒胸臆，對長期占詩壇主流的擬古主義、形式主義產生了巨大的衝擊，解放了寫作者的心靈和頭腦。

與社會變革同步的是早期對西方思想著作的翻譯，這裏面影響最大的是嚴復，他翻譯的《天演論》《社會通詮》等書直接孕育了民國一代的知識階層。魯迅、胡適等人在文章中都曾提到《天演論》對他們思想所產生的震撼。與嚴復略有不同的另一位翻譯家是林紓，他的譯作雖然參差不齊，但却在更細膩的心靈層次對讀者產生影響，許壽裳曾回憶，他和魯迅都熱衷于林譯的小說，如《巴黎茶花女遺事》《黑奴籲天録》《迦茵小傳》等作品。

辛亥革命之後，進步社會思潮成爲主流，比之清末思想啓蒙者『求存』的追求，民國以來的知識階層深入到了更加細微的肌理，一方面呼喚社會變革，另一方面進行點滴的建設，革命并不能使所有的一切一蹴而就，在更加深廣的領域，事物的改變是由微觀而宏觀。通俗地說，比之于革命，建設的意義更大。如《中國商業史》《中國教育史》《中國倫理學史》《中國哲學史大綱》《中國小説史略》等一大批作品都是進行系統的梳理與建設的理論作品。其中，以胡適和魯迅二人的影響最大，他們的作品一紙風靡，從而成爲新文化運動的主力人物。

《清末民初文獻叢刊》收録的文獻大致上可以分爲三個階段，其中龔自珍、張之洞、魏源、郭嵩燾、薛福成等人的作品可視爲『早期啓蒙』，康有爲、梁啓超、黄遵憲、嚴復、林紓等人的作品可視爲『中期啓蒙』，胡適、魯迅、蔡元培等人的作品可視爲『晚期啓蒙』。當然，這種劃分并非嚴格意義上的，大部分啓蒙思想者隨着時代的變化，其思想在不斷進步。縱觀整個近現代史，可以發現，要求變革不是在某一個領域，由某一類人發起和完成的，而是全社會的要求。

變革，已經成爲全社會的共識。

從清末民初的文獻中，我們能够發現一種豐富性。這些作品涉及政治、經濟、軍事、教育、外交、宗教、心理、情感等方方面面，從内而外地净化着中國兩千年以來的封建積習。它不衹是對社會的改造，更是對人心靈的重塑；它首重國家社會之建設，同時亦重靈魂心智之唤醒；它是宏大的，也是微觀的；它是嚴肅莊重的，也是活潑靈動的；這些作品結構精巧，思想内容深刻，擁有濃厚的人文主義色彩，對推動社會主義建設，實現中國夢有重大意義，是近現代中國一百年來最宏富的智識與情感的寶藏。因此，整理這些文獻作品，無論是出于資料保存的目的，還是爲圖書館提供資料副本，都有不可估量的意義。

特定時代下的文獻，當它一旦形成（既指草擬，創作的完成，也指其成爲一個載體），就不可再複製了，也就意味着它將面對消亡。對于文獻資料而言，越接近歷史事件發生的時代記録，越具有研究價值。文獻本身具有不可再生性，它衹會消亡，而不會增多。盡管文獻本身的文字可以保留下來，并進行傳播，却失去了當時的時代氣息。當時的作品可能在技巧上，文字的成熟度上不及當代，但它所負載的信息，創作者的情感都反映了當時的歷史，也就是説，它具有不可替代的歷史意義。

影印的版本有三個特點，第一是擁有文獻的『原始性』；第二個特點是『未經改動的』；第三個特點是『歷史的原貌』。所謂『原始性』，也就是説，它是第一手資料，而非轉述的，回憶形成的；『未經改動的』，是指未被篡改、删節、挖補的；『歷史的原貌』是指在影印製作過程中，完全依照文獻的原來模樣……這樣製作出版的作品，無异延續了文獻的壽命。

近現代思想史上的一個最重大的思潮就是『開放』，從林則徐的『開眼看世界』到蔡元培的『兼容并包』，都是在倡導一種開放式的胸襟。而《清末民初文獻叢刊》最有魅力的部分就是『開放』這一主題，衹有融入到世界文明發展的進程中，中華文明纔能歷久彌新。

《清末民初文獻叢刊》編委會

二〇一七年四月十四日

凡例

一、《清末民初文獻叢刊》（以下簡稱『叢刊』）爲影印本，舉凡所用之底本，均爲該書之早期版本。有清末刊本，亦有民國印本。

二、《叢刊》均依底本影印，未予删改，僅代表作者個人觀點，不代表官方立場；原刊本有誤，不予校改，以保留文獻之原貌。

三、《叢刊》所用之底本，因時日久遠存在漫漶的情況，均進行了修復；底本闕文、印刷不清，均保留原貌。

四、爲讀者閲讀之便，《叢刊》中之舊底本目録未標記頁碼者，編了目次；原底本有頁碼和目録，未予重複編目。

五、爲保持文獻的原始風貌，影印本保留了原書書影（原書爲多册，則保留第一册書影）、扉頁等信息。所用底本無相應信息者，則不予妄添，以免錯訛。

目録

續富國策 一

續富國策

光緒丁酉孟夏
桂垣書局重刊

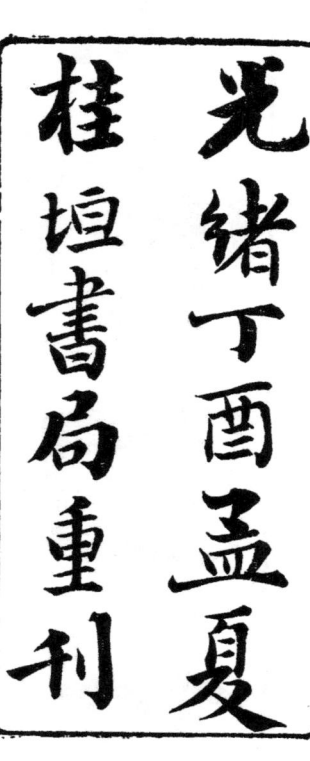

自敘

續富國策何爲而作也曰爲救中國之貧弱而作也通商六十年矣中外之不通如故意見之不同如故議論之不合如故此中國貧弱之原也此其故由中國政教合一泰西各國則政自政教自教彼思以教行中國中國防其教而因以並棄其政也泰西之教不周不備可以誘愚民化野民而決不足以惑俊民所刻教書無一通者通人不譯教書也邇來彼之教士亦言敬父母矣睦兄弟矣重倫常矣不及數十年將全爲聖人之道所變所謂凡有血氣莫不尊親者而我之猜而防之也何爲也哉泰西之政則近百年間上下一心講求

而得清明整肅儼然官禮成法及三古遺規安可以教例之也而中外之格格然終不能相入者則中國求之理泰西求之數中國形而上泰西形而下中國觀以文泰西觀以象中國明其體泰西明其用中國泥於精泰西泥於粗中國失諸約泰西失諸博一本一末相背而馳宜數十年來彼此互相抵制互相擠排而永不能融會貫通合同而化也雖然塞之者人也限之者地也通之者天也中國自經秦火周禮之冬官既逸大學之格致無傳圖籍就湮持論多過高之弊因循簡陋二氏承之安常守經不能達變積貧積弱其勢遂成迄於今亦二千有餘歲矣當日者必有良工碩學抱器而西故

泰西埃及羅馬之石工精奇罕匹明季以後畸人輩出因舊蹟剏新器得新理立新法著新書及水火二氣之用成而輪舟輪車火器電報及各種機器之製出由是推之於農推之於礦推之於工推之於商而民用豐饒國亦大富乃挾其新器新法長驅以入中國中國弗能禁也中國生齒四萬萬人爲閉關以來所未有土地之所出人力之所成不能自給則刀兵水火瘟疫之劫生得新法以養之而後寛然有餘裕也又復載以輪舟運以火車通以電報使分散於東南洋新闢之各洲各島而生事益饒故西人之入中國也天爲之也天特闢此二途以養此中國溢郭闐城之百姓也泰西諸國雖

上下一心然三綱不明五倫攸斁墨氏之教無父無君即強盛於一時終不可以持久也中國聖人之教親親仁民愛物各有差等不能餂途人而語之乃使彼之教士脣焦舌敝日以彼教餂吾民而彼國之民乃陰入於範圍曲成之中而不自覺今天下車同軌書同文行同倫必同文同軌而後乃可同倫也此天心之妙也易窮則變變則通通則久天無不久惟通能久天無不通惟變故通天無不變惟窮始變故易者天心也即天道也惟明者而後能知天惟賢者而後能順天惟聖人而後能先天惟神人而後能配天維天爲大聖人則之大哉孔子時乎時乎中而已矣成之者仁也仁者人也無

古今無中外無華夷無物我人而已矣其於政與教也善者取之不善者棄之有益於民有益於國者行之否者斥之無町畦無畛域無邊際無端倪一而已矣聖人不可見矣民猶是民也國猶是國也積貧積弱以受制於外人使聖人而有知當亦有所大不忍也昔者吾友嘗言之矣曰三代後之言財用者皆移之耳或奪之耳未有能生之者移之者何除中飽是也奪之者何加賦稅是也然亦未有能移奪外國之財以歸中國者若生財之道則必地上本無是物人間本無是財而令忽有之農也礦也工也商也爲華民廣一分生計即爲薄海塞一分漏巵爲閭閻開一分利源即爲國家多一分

賦稅爲中國增一分物業即爲外國減一分利權此伊古聖王生衆食寡爲疾用舒之大道也天生民而立之君百姓足君孰與不足天無私覆地無私載日月無私照養民之道富國之源可百世以俟聖人而不惑矣嘉道間英與法戰禽拏破侖流諸海島雖自矜戰勝而本國之商務頓衰政府復曲徇富民刱爲保業之法重征進口稅以困行商商情益窘有賢士某著富國策極論通商之理謂商務裒多益寡非通不興英人舉國昭若發蒙盡滌煩苛以歸簡便而近今八十載商務之盛遂冠全球嘗謂一日十二時中地體渾圓時時有日英國旗號亦時時可見日光蓋英之屬地徧於六洲商船

多至數萬無論爲晝爲夜在陸在海陽烏所照必値英旗此非夸詞乃紀實耳英國區區三島戶口三千五百萬人綜計產業之豐截長補短人得三千六百鎊約合華銀二萬六千兩有奇其國勢之盛人民之富商力之雄天下無與爲比識者推原事始歸功於富國策一書彼僅商務一端而四海方行遂成此亙古未有之盛事中國之膏腴最廣則農利當何如中國之地產最豐則礦利當何如中國之人民最多最巧則工作之利又當何如也孔子之策衞也庶加以富富加以教大學平天下之道言絜矩言理財中庸歸美至誠遂推極於天覆地載日月所照霜露所隊舟車所至人力所通我時

中位育之聖心其前知之矣彼英人者披榛闢莽亦聖主之驅除矣天地之理日出而不窮學問之功日新而不已惟此仁民愛物之一念上與彼蒼眞宰息息相通下與萬古聖人心心相印名以續富國策明乎古今雖遠天壤雖寬他日當甲環瀛踵英而起者非中國四百兆之人民莫與屬也此言雖小可以喻大謂即地球大一統之權輿焉亦可也光緒丙申夏月瑤林館主自敘

續富國策卷一

農書

水利富國說

初不解三代以上之民何以若是其家給而人足也三代以下之民何以若是其患寡而患貧也觀於江浙兩省而恍然矣浙之杭嘉湖蘇之蘇松常太各屬溝渠河道經緯井然每三家之村必有一浜可以通船者井里桑麻蓬茸薈蔚黃雲四野畝收十鍾江南下溼之區禹貢厥田下下今何以忽居上上也則水利之修舉為之也每當霪雨連旬太湖之水其增不能以寸蓋湖水增一寸則沿湖四面之河渠亦必增一寸容水有地洩水有方水利既興則水患自去其理然也三代上中原富庶於東南一隅之地彷彿遇之而今日北方數

省沃衍寬平水則一望滔天旱則千里赤地黃河永定河歲歲漫決百姓流離轉徙無歲不災官賑商捐永無了日則溝澮不通之故百川淫溢悉注於河天下有水災無水利矣雖商鞅挪開阡陌實爲萬古罪人而屢朝頹廢因循以至於此極者則官吏之不能盡心民事殆亦不得辭其過矣是以歲漕百萬仰給南方發帑截糧苟延殘喘上下嗷嗷然蹙蹙然務爲一切苟且補苴之術從未聞有量移此款爲本原之計久遠之圖者甚矣其忍也如是而求富國猶緣木求魚補瘡剜肉卻行而求及前人也其可得乎泰西各國百年以前亦猶今日之中國耳法國有名人福祿特爾者創興種樹之議

廣開水利之源未及三年開河七百餘道各國相率仿效歸濬河渠英國區區三島亦開河一千八百餘道西班牙南境向多水患自疏渠洩水一望膏腴百產豐盈萬民殷富人徒豔西國工商之利而不知法德奧意諸國其國之大利皆在於農印度之恆河其橫潰四決與黃河相若中南印度歲遘沈災恆之云者即無恆之謂也英人於沿河兩岸廣購民田多植樹木不及十載兩岸各成一寬一里長二千里之樹隄多闢溝渠以殺水勢樹木根株盤結水力不能潰之而恆河始名稱其實矣然西北印度固猶患旱也英人於出泉之處購地築塘建閘蓄水而以時洩之揀派賢員司其啟閉農民

之需水者略收其資以爲修閘養兵之費溝渠四達磽瘠皆腴物阜民殷兵强國富以較當日何啻天淵故泰西之新法乃竊我古聖之緒餘闇合三王之古法斷斷然無可疑者惟水利之事彌近彌詳誠宜搜譯專書博求良法如濱臨滄海則多開港汊以通潮迴近江湖則廣濬溝渠以引水泉源所在則築塘蓄洩勿使一瀉而無餘曠土太多則鑿井深通亦可汲之而不竭高原苦旱則翻以龍尾之聯車下隰多澇則吸以鱗塍之碎石此法爲西人所創其地積水泥濘不乾則四面開一深溝滿鋪碎石高若田塍碎石自能吸水含水使汙泥乾燥而土脈不枯亦化學也若黃河永定河淤墊多年隄身高於兩岸村莊以尋丈計不宜輕引河水致損民田則購西國

地平之儀測量高下因地制宜廣武山龍門以上地勢本高亦可開渠引水以資灌溉其下游一帶則旁開溝洫使脈絡相貫大小相通容水有地伏秋盛漲不至盡入河身而水滿各渠土膏脈潤秋陽蒸暴亦永無龜坼之虞與水利除水患一以貫之矣夫河水之泥肥泥也河水所至之地肥地也暹羅之瀾滄江湄南河越南之富良江緬甸之潞江印度之恆河雅魯藏布江埃及之尼祿江其水之渾濁皆與黃河等然所種稻粱黍稷收穫豐富甲於寰區越南暹羅之米且歲以數百萬石接濟閩粵而黃河獨有患無利儆我中邦有是理乎夫小民可與樂成難與圖始非官爲經理決不能相與有

成中國自按察使以迄同知縣丞諸官雖有兼管水利之名未有能盡心民事者儔日河渠聽其湮廢而遑論新開舊有經費任意侵漁而況乎籌備蓋官之漠視乎民而民之疾苦終無由上訴也亦已久矣

朝廷如傷在抱豈不欲民安國富媲美唐虞如此官吏之有名無實何哉夫國以民爲本民以食爲天愛民之心天心也養民之道天道也富國莫要於養民養民莫亟於水利其事大用大效小用小效其功遠者三年近者一年百姓足君孰與不足百姓不足君孰與足或猶以爲迂天下安有更切於是者或猶以爲遲天下安有更速於是者強兵富國其用皆

同王道霸功其源則一安得深心大略之君子以補虛羸扶元氣救此飢寒垂斃之生民也

種樹富民說

古之帝王名山大澤不以封孟曰五畝之宅樹牆下以桑七十者可以衣帛矣又曰斧斤以時入山林材木不可勝用也傳曰一年之計樹穀十年之計樹木百年之計樹人三古遺規山澤必禁擅加戕賊國有常刑誠知其本矣及秦政焚坑而種樹之書尚逃劫火六朝五季武人秉政乃始焚林薙草濯濯童童嗚呼慘矣今以一省計之林木蕃昌無不富者其少者無不貧以一地計之一村一鎭林木蔚然無不富者否則貧甚矣林木之爲功於人者至大且遠也法蘭西一國百年以前四境蕭條林木稀少居民困苦劫掠爲生後有人請

其國君廣行種樹設官經理屋隙田閒徧行栽植定戕伐樹株之禁比及十載民之貧者忽富莠者忽良地之瘠者忽腴荒者忽熟舉國大富莫知其所由然乃以時入山林伐材木運售各國歲獲數千萬金又漸伐其無利者而改種葡萄等有利之樹以故法國之豐富遂冠歐洲德人花之安所著治國要務以種樹爲第一事蓋以此耳近日西國化學師詳求要理始知樹木之本能吸土膏爛沙石故細根入地磽确可變膏腴樹木之枝能收穢惡化潔清故綠蔭宜人貧病頓成殷富且天氣下降地氣上升而萬木之陰別饒潤澤長林之內自致甘霖水旱偏災不能爲害有益於人有益於地并有

益於天天壤之間更無他物可以相比其植物化學詳攷動植二物循環滋養互爲始終動物之收入者養氣也放出者炭氣也植物之收入者炭氣也放出者養氣也地無植物則人與萬物俱不能生又攷察樹身之皮肉筋膚脂膏血膜皆與人物相似惟無知覺運動耳故凡人無故戕伐樹木其罪與無故害物無故殺人等斬伐一方之樹木與戕殺一地之人民無以異也天道好生皆上逆天心者也故西人嚴定傷損樹木之禁於其本國廣植樹林所有屬地及通商建埠之區亦日孳孳然以種樹爲當務之急以迓天和以培地脈以養人身富甲六洲比隆三古有由然矣中國古時山虞澤虞

各有官守秦漢以後寖至廢弛豐草長林厄於兵火無復過
而問者今日東南各省倘知愛護栽培西北諸方任意戕賊
以致千里赤地一望童山旱潦為災風沙撲面其地則泉源
枯竭磽确難耕其民則菜色流離飢寒垂斃或歸之於人事
或諉之於天災而不知地瘠民貧其故皆由於無樹也今宜
責成郡守牧令總攬其成而以同知通判縣丞主簿等閒官
專任其事籌給經費歲歲增種樹株自城而鄉自近而遠自
郊而野自藪而澤自平地而高山先就土性所宜取其易活
然後增種有利之樹以闢利源有主之地民種之無主之地
則官種之擅伐一株者責種兩株富者罰錢千文以充公用

丞倅諸官勸種三十萬株以上點驗得實立予保升故事奉行者加以罷黜地方官吏入之考成以種樹之多寡爲殿最如勸民廣種有利之樹如果木桑茶之類予以不次之升循名覈實持以十年而中國土地不肥人民不富者未之有也蜀之富也以竹木藥材粵之富也以果品香木閩臺之富也以茶荈樟腦江浙之富也以蠶桑攷之中國則如此法蘭西之富也以葡萄意大利之富也以蠶桑美利堅之富也以木棉奧地利之富也以材木稽之外國又如彼雖肇興大利各隨土性所宜然其始也必有人焉勸而導之經而理之擴而充之後之人乃能整而齊之遵而守之繼長增高享其成而

食其福橫古今達中外無二理也苟不揣其本而齊其末以煩苛爲務以聚斂爲能而於大利之源民事之要先王仁政之所先轉漠然置之聽其自生自滅恐天下之財止有此數橫征暴斂無補困窮不能養民何能富國與古聖王生財之大道相去遠矣

種果宜八說

中國之果木繁矣上林賦所稱之盧橘夏熟黃甘橙榛枇杷橪柿亭柰厚朴梬棗楊梅櫻桃蒲陶隱夫薁棣荅遝離支南都賦所稱之丹橘餘甘荔枝之林檳榔無柯椰葉無陰龍眼橄欖棎榴禦霜之類皆侈語遐方異種而耳目近接如桃李梅栗蘋果石榴楂梨柰杏之屬不與焉百產蕃昌可云富有西人攷天下百果無若中國之全者亦無若中國之佳且美者緣地居溫帶寒暖適平草木花實生機暢遂偏南則天氣炎蒸花多實少偏北則風霜凜冽無實無花也西國天文家以全地球分爲樹帶距赤道若干度爲一帶十五度以上果

木始蕃五十度以上則絕無一花一果矣中國自廣東距赤道十七八度起東北抵奉天西北抵甘肅皆在四十五六度之間天啟中原爲百花芳豔之園萬果駢羅之府而乃薪蒸樵牧兵火摧殘絕不一加寶惜是何心哉且卽以土產言之固亦非常之大利也美國之蘋果歐西之葡萄皆以輪舟鐵路販運五洲獲利如恆河沙數中國廣東之龍眼閩省之荔枝新會之橙溫州福州之橘洞庭之柑江浙之枇杷楊梅山東之梨棗直隸之葡萄蘋果每歲所獲之利皆以數十萬百萬計苟能日月推廣閭閻之富實何可勝言惜乎愚夫婦既鮮知能賢長官又不加勸導土宜物產消息盈虛亦惟有聽

其自生自滅已耳近日西國醫家攷求植物惟百果之鮮汁大益人身謂人生由少而壯而老其戕伐壽命者皆土性鹽類爲之此項鹽類有從呼吸而入者有從所飲之水而入者有從日食之五穀魚肉而入者其弊能使人肌膚骨幹手足筋骸皆變堅頑不能靈活蓋周身血管之血有土性鹽類雜之則血行不速血管迴曲之處尤易停淤年復一年管隨閉塞而種種痿痺癱瘓半身不遂之證起矣凡人飲食諸品無不雜有土性鹽類者惟百果結於樹杪得天地之清氣而成無一毫土性鹽質有人於十日之內禁食他物專餐水果周身所化之血清而不濁滑而不濃精神煥然血行愈速舊時

淤塞之管一律疏通耳目聰明倍於平日蓋滌瑕盪穢衰老變而少年水果之全功大用有如此者因攷生人未有火食以前其年壽皆數百歲多及千歲想巢居穴處皆以果呫療飢故能卻病延年多歷寒暑自人知熟食而得食彌易得壽彌慳矣比來化學肇興格物致知多能補前人之缺憾此後全地球如能廣植果木人皆節減食物多進鮮果培養人身即不能希蹤古人或者渣滓去而清光來不難使舉世咸臻壽考乎西醫之言如此亦可謂仁心仁術矣中國之地氣天時最宜果木而珍木佳果為人間大利之所存復能壽世壽人使四海生民食德飲和咸登仁壽然則利源雖廣物產雖

多盈天地間恐無他物可以相擬刻輪舟鐵路徧達中區瞬息千程運載尤易地方官吏不少循良有能愛物仁民思保我中邦億萬年之富庶者乎祇須勸諭民間身先倡率各隨土性植果成園讀郭橐駝種樹之書而已可以經營四海矣長駕遠馭胡爲哉

種桑育蠶說

光緒十四年甯波稅務司康發達條陳請設蠶桑局攷察防瘟事宜畧曰法國之里昂城爲蠶絲薈萃之區植桑養蠶冠於各國前數十年忽遭蠶瘟蠶種竟絕乃購中國日本蠶子以歸嗣於此事加意攷求窺以顯微之鏡乃知蠶病甚多惟椒末瘟爲害尤烈一蠶有病生子六百子又生子傳染無窮無病之蠶相延而及不至絕種不止蠶雖受病仍可作繭不過食葉更少絲細繭薄無色無光久則種類絕矣法政府乃設立蠶桑局攷究防病之法至精至詳日本仿之出絲益美康君推此意詳攷浙省之蠶有病者十居六七深慮日久傳

染將蹈法國覆車呈由總稅務司轉請總署代奏雖交江浙海關會議而情形隔膜迄未舉行康君一片血誠付之流水矣向疑中國自有蠶桑垂五千載雖天時人事偶有歉收然從未有絕種之時亦無轉購他國蠶子之說後訪之江浙養蠶之戶始知中國自有火試雪試滷試三法卽所以防病蠶之子也火試者以蠶紙置之竈上極熱之處烘之蠶子之無病者不傷有病者不復出矣雪試者置之雪中滷試者灑以鹽水皆以殺病蠶之子而留無病之蠶然後知中國數千年來自有秘法流傳足以保茲美利而西國防病之法防之於受病之始亦宜博采兼收而不容稍有偏廢者也此養蠶之

應攷求者一也中國出口之絲每包百觔僅值三百餘金上海西人所設繅絲各廠購中國蠶繭以機器繅之每包值七百餘金高下懸殊理不可解後知中國手繅之絲不勻不淨不合西人織機之用伊購歸里昂各埠必以機器再繅則以三百餘金購之華人者仍以七百餘金售之西人此四百餘金者約爲再繅工本而彼之獲利無窮矣中國湖絲出口二三百年各口通商六七十年上海西人設立機器繅絲廠亦一二十年此項繅機上海鐵廠均能自製管理機器華人亦已能之女工人等一呼可集而從未聞有人議購一機安設江浙產絲最盛之區以收此每包七百餘金之利中國尙可

謂有人乎抑官吏阻撓積習難變有以致之也此繅絲之應
整頓者二也德人有精究蠶桑之學在中國日本數十年刻
尙主持上海繅絲廠務者談及中國所出蠶絲光白柔韌實
勝於日本意大利諸邦惟中國毫不講求致大利漸爲外人
所奪耳嘗深究中國蠶桑所以勝於各國者太湖一水實爲
美利之眞源江浙產絲各區近太湖者桑葉無不沃若蠶絲
無不光柔遠者則否若紹興各府則與意日諸邦等耳蓋湖
水清澄性肥而暖百物停蓄則肥日光久照則暖故各種植
物皆格外盛大而桑性尤宜中國洪澤巢湖鄱陽洞庭金明
大明滇池昆明等湖不翅數十誠能推廣此意徧植蠶桑以

太湖例之每歲絲綢之利不下一萬萬金每湖萬萬即數十萬萬金即云地利人工勢難齊一得十分之一二每歲亦數萬萬金即此蠶桑一宗已足爲全地球第一大富之國天下尚有窮民哉此種桑之應推廣者三也西人攷察全地球人民約四千兆衣布者約十分之六衣綢者十八中不足一人將來風氣漸開皆思用布用布之後又將改而用綢西國女子附體之衣向皆細布今則必須用綢綢之細滑實勝於布也故綢布銷路愈久愈寬惜中國多用肥絲織成綢緞西人不喜服用購去者惟院爲多取其輕細耳而彼自用機器織綢行銷日廣花樣日新沿海諸省之民喜其新異轉以重價

購之於彼利源坐失可爲寒心宜選中國織局中人年少有識者往英法攷驗購買機器回華自行織造西人於花樣款式厭故喜新仍宜歲歲改更務極中西之美備投其所好避其所惡價廉物美益廣銷售而一切始無遺憾矣此織綢之應仿效者四也四者畢舉而蠶桑之利衣被六洲將與天地同其悠久萬變之原權輿於此僅僅與利云乎哉

葡萄製酒說

嘗觀海關出入貨稅册而歎通商之弊北方數省之受其害者爲尤大也何則兩言以蔽之南方之土產多北方之土產少而已矣上海一口爲東南七省百貨薈萃之區每歲出口之貨浮於入口閩浙各口約略相抵北方之煙臺天津牛莊三口則迥不同矣牛莊一口以出抵入尚不甚相懸也然油豆諸物皆以洋船運銷江浙出洋者寥寥煙臺入口之貨歲及千萬出口之貨二百餘萬是歲耗八百萬金矣天津入口之貨每歲約三千萬出口之貨僅三百萬是歲耗二千七百萬金矣官民上下有限脂膏安能禁此莫大漏巵歲歲歕吸

欲其不窮不困也得乎救之之法須闢利源惟葡萄製酒一端足以挽既去之狂瀾而使之東轉而辦理之法非地方官吏盡心民事維持勸導不爲功曩見法人游歷奉天所著日記謂奉天一省天時土性皆宜葡萄苟能廣種葡萄仿西法以釀酒則奉天一省之利可以敵法蘭西一國後訪之出使法國者乃知法國葡萄製酒之利歲合華銀六萬萬兩居全國出口貨物十分之七而法之國用全資酒稅歲入約三萬萬兩亦居全國賦稅十分之九每酒値一元者稅亦一元西人以酒能亂性無益人身故重稅以困之也然香冰紅酒價値雖貴銷路日增近且行銷中國海疆浸淫內地歲値華銀

千餘萬兩歲歲加多方興未艾而海關以爲西人飲食之品照約免稅免釐亦可慨矣葡萄一物來自西域性宜沙土尤喜天寒泰西法德兩邦種植最盛其氣候皆與山左京東相若蓋葡萄結子之後須漸漸紅熟始能變盡酸味一律成甘中國南方亦有葡萄之種而色味俱劣遠遜北方者職此故也日本自改行西法以來亦嘗自種葡萄如式釀酒然子小味薄所造之酒行二十里則香味全變惡劣異常此擧因而中廢西人攷求其故乃知日本天氣炎熱地少沙土本與葡萄不宜且果木之種最惡海潮宜近接高山吸山泉之清洌釀酒之水如畧帶海潮鹼性即不能經久不變且不能轉運

長途日本三島孤懸潮水不到之處甚少故也若中國直隸之西山北山山東泰山山西太行河南嵩山陝西華山附近之區土厚泉甘含靈孕秀如能開闢大利廣種葡萄參用西國機器釀造名酒允當冠絕人寰風行海外蓋法國造酒之局葡萄之園皆附近比里牛斯各山在海潮不到之處耳西人之言如此而惜乎中國之民不知中國之官不問坐使北方數省歲受盤剝無一土產可以出洋苟能開此利源中國斷無泰西之重稅酒既增美價又倍廉海外諸邦皆將購之於中國各國酒稅為國用所係雖欲減稅敵我而不能此項利源豈有涯涘奉天一省之廣遠亦略與山東等耳而法人

以爲廣種葡萄其利可敵法國一國是歲有華銀六萬萬兩之進款也又況北方五省同時振興其獲利之豐盈雖隸首不能計算矣西人嘗謂中國土地寸寸皆金惜華人掩聰塞明不知取用非虛言也惟非常之原黎民懼焉刱辦之初必以官紳爲倡宜令各省均籌閒款購地一區擇其近山而多沙者向外洋購覓佳種如法栽培聞法國所種葡萄根老枝繁與吳越之種桑相似所結之子糖多水少出酒始佳誠宜選覓聰穎學生通達各國語言文字者十人分赴英法德奥俄意六國專攷葡萄釀酒之事六國均有葡萄一國不能獨秘也一二年後學成而歸分派各省專任此事比及三載鐵

路亦咸運售海疆利源闢矣然後將成法頒布民間廣行栽種分設局廠造酒行銷利之所在人所必趨各省風行捷於影響即僅銷中國海疆已及一千餘萬矣況其他哉至煙臺一隅現亦造酒且有專利廿年之議聞辦理不善終恐無成此事銷路甚寬關繫甚鉅正宜速行推廣補救方來安得徇一人之私情撓天下之大計哉

種竹造紙說

竹之爲物徧地球皆無之惟中國獨有卓哉此君虛心勁節發生最速寒暑不凋秀絕梗枏聲出金石乃至伶倫合樂簫管同音弧矢張威東南盡美兼資文武妙解剛柔氣備四時功在萬世五千年來崑崙鍾毓靈光秀采畢露於斯白雲黃竹之謠若爲我黃種眞人寫照也者洵矣夫天之生是使獨也而尙有冠古奇勳足與地球永永無極則筆與紙之功用彌大彌長曩嘗觀中國造紙之作矣篔簹萬箇祓阜連山天事人工致爲精巧舂煑烘焙閱日始成微嫌錘鍊未精功力稍緩然物質之美無與比倫矣又嘗閱外洋機器造紙公司

矣其所用皆敗紙碎布草根樹皮自入池以至成紙裹箱不逾四刻人巧之極幾奪天工而惜乎體質之麤惡也苟以中國之竹參以外國之機稍入苧麻加其堅靭則所成之紙必當冠絕人寰何至洋紙風行致大利盡爲外人所奪乎猶憶癸未以前瑞金石城兩縣皆產紙之區甯都州屬固無有也金精之谷有竹萬竿魏菘園李嘯峰兩友人讀書其間忽發奇想遂往石城横江覓造紙工師二人至谷中建棚造紙仍於下隰之地課工種竹三歲成林造紙既成自運省城售賣迄今十載每歲已出紙二十萬金而魏李二友均大富竹則歲歲增種紙則歲歲增多利源亦歲歲增廣不獨二友致富

也倚種竹造紙以爲活以安家業而長子孫者歲已將及萬人州城本瘠區歲得此二十萬金之入款工商士庶咸有生機氣象鬱鬱葱葱然與十載以前迥異甚矣夫種樹之利無窮種竹之利更無窮也彼以土法造紙而已能若是況乎變通盡利妙用一心取美質於中邦參新機於外國流通四海販運五洲者其獲利之豐可勝道哉夫五土燥溼各有所宜固不可畏難苟安尤不必刻舟膠柱中國地大物博其大患在於不知所用因以自棄其材掩聰塞明扣槃捫燭不通中外之情勢動以方鑿圓枘自取齟齬大固有之小亦宜然皆不學不思之過耳況竹之一物既爲萬國所無其效用於人

者尤非一端所可盡姑以種竹一議開其緒造紙一事發其機有能景仰前修講格物致知之學者乎明陰洞陽課虛責實當不至如王文成之格之七日而不知其解也

種樟熬腦說

曩知臺灣樟腦之利每歲出口值價五百萬兩樟腦一稅為臺地大宗入款聞日本樟腦出口亦值價五六百萬元古樟一株出售與人有估價四千元者西人所製炸藥無論用何物配製其漲力大至二千五百倍而止後有化學師攙入樟腦而漲力陡增至五千倍故魚雷水雷地雷等各炸藥非樟腦不為功巨礮快槍亦須酌配所謂黃火藥者是此樟腦銷路所由日廣也繼聞各國所用象牙歲歲增多必殺活象以英國一國計之每年所用象牙器已殺萬九千餘象象懷孕乳哺需三四年十閱春秋始能長大每象生子一二多或三

四用之如此其費殺之如此其衆生之長之又如此其難將來全地球之象必將絕種遂有人思得一法以樟腦參化學壓成象牙光白堅緻莫能分辨精能之至出神入天製藥之用無窮製牙之用無窮則他日樟腦之銷路亦與之無窮矣西人將全地球分爲樹帶以赤道爲中經以南以北各若干度爲一帶寒暖因之而異每帶應生何樹皆有定地不可遷移熱帶之樹移之寒帶寒帶之樹移之熱帶皆不得生其大較也如樟樹一種只生於距赤道廿七八度之間偏北偏南皆難暢茂臺灣日本江西度數適合而他處無之其可珍可貴有如是者故日本農桑會中廣勸國人徧行種植種之廿

年卽可熬腦而臺灣既不知種江西並不知熬坐使大利之源空山廢棄可憫孰甚焉日本熬腦之法未悉其詳度必有參西法而益臻美善者若臺灣之熬腦則易莫易於斯矣法於山坡斜坦之處刨刳一竈下開火門其上列置廣鍋有蓋者十二具將樟樹嫩枝葉剁碎入水煎熬覆之以蓋經一晝夜蓋上結白脂一層刮下收存卽樟腦也約計一竈月可熬樟腦二三百觔每百觔爲一石値洋五十元柴薪取之本山無須購買三人管一竈日夜替換勿使熄火惟其地逼近內山生番時時出草須養勇守隘保護竈場每石抽隘勇費八元落地稅八元子口出口稅六元工食雜費約十二元每石

實贏洋十六七元不等一區得數千竈已是非常大利持此以例江西旣無生番不須隘勇稅收不重工食又廉售價五十元當淨得三十餘元之利況此物行銷日廣價値日增他省寒暖不時土宜不合永不能分我權利哉刻臺灣旣屬他人竈丁之失業逗留在滬者不少當設法雇募數人或延請倭人之熟習熬腦事宜者擇地試辦仍暫予減收稅課維持振興飭下各府州縣凡有樟樹之處均准設法開辦嚴禁無知小民不得將樟樹枝柯任意砍伐其湖南安徽廣西等省度數相同宜由各省提款購買樟子擇地撒秧曉諭民間廣行栽植以收二十年後之利被山林以金玉化朽腐爲神奇

事爲愚賤所優爲利爲中國所獨擅十年之計萬世之休美利大興馨香永報懿與昌已

種木成材說

古之時山澤有禁百年千年之木不夭斧斤梁棟之材不可勝用故山無槎枿林不麑胎動植飛潛含生遂性然而深山大谷實藪龍蛇虎豹猿狖之所居亦無敢輕於入犯者自僧居道觀斬棘焚林專以入山必深爲樂於是動物不能止植物不得生而天下之名山大川始無餘蘊矣漢唐以後山澤禁弛聽民自占貪利忘害斬伐摧殘地無美材可資營搆始乃登山涉水搜采川廣江湘之木結簰造筏懸隔數千里以艱苦墊險而致之使古人見之應笑其坐昧遠圖既勞且拙矣然轉運雖艱固猶求之中國也至今日而洋木運入海疆

浸淫內地公私上下資其營建歲費且千萬金豈洋木之果勝於華木乎抑中華大國縱橫萬里竟無閒山隙地可以種此佳材乎一旦洋木不來我中國之官民上下遂可以穴處巖居無俟選良材以成大廈乎而乃萬山童然聽其荒瘠南北諸省大率類然民不知種樹之方官不嚴伐樹之禁因循苟且仰給外人坐受困窮不知變計中國士大夫好高務遠談元說空有體無用耳目所見尙爾其他又何論焉夫北省之楡槐南方之松杉各木雖屬粗材最易生長不十年能任棟梁矣至於杞梓楩枏楓檀栝柏之屬成材較晚收其用亦不過數十年與人家國者固不當爲數十年之計乎且今茲

不種種類絕矣我躬不閱尚有子孫同為中國之人顧忍使神靈首出之名區華實不毛淪如化外乎言之似過而極其弊必至於斯然則種一切果木之樹收效尚可刻期而種木成材一端尤為迫不容緩之事矣今宜查明各省官地並購買沮洳犖确之區籌給閒款因地制宜廣植材木仍選膏腴之地劃為官園收子撤秧聽民領種嚴申禁令無論官私樹木妄加戕賊者有罰數年後樹木長成則擇其可材者以時采伐售之民間仍須按年補種每一州縣至少務足三十萬株種植有利之樹事亦如之務使地無棄利國有名材閭閻日用所需無俟遠求於外始得謂之家給人足內治有基更

能以漸擴充水溢山巔徧植佳木則前所云種樹富民之説
泰西各國具有成效之可徵美蔭長林豐饒衍沃追蹤三古
長養兆民此聖王保邦富國之經慎勿以瑣屑譏之以迂疎
擯之而日齗齗然折獄催科持三尺以與民從事也

種橡製膠說

西國象皮其用最廣所製之物屈伸長短惟意所爲挈之不絕放之如故光滑堅韌非漆非膠西人所謂有凹凸力者也華人以爲獸皮也而非也獸皮必有異味此則有味而有香或以爲木皮也而亦非也木皮必有筋紋此則無紋而有力蓋樹膠所製此項製膠之樹西人卽名之曰膠樹者也西人攷察全地球中惟歐洲之意大利美國之舊金山中國之雲南三處有之中國與英商劃緬界時誤將迤西寶井及膠樹之地劃以歸英英人狂喜以爲一日之閒驟獲二寶則此樹之珍貴可知矣而不知象皮者橡皮也膠樹卽中國之橡樹

杜少陵詩所謂曉拾橡栗隨狙公者也橡子小於栗糯而微長不甚可食中國各省處處有之何止雲南一省西人亦就所知者言之耳聞雲南膠樹之地縣亙千里或他省不如是之多耳西人歲剝樹皮熬膠攤皮以製器物樹皮雖剝樹固不死也甫閱一年長合如故又可續剝循環往復其利無窮可謂天下之奇樹矣西人攷求其理取膠成物利益民生亦可謂天下之奇製矣惟西人珍愛此木天下出產甚稀而中國處處有之樵采薪蒸賤如糞土卽西南各省亦不過例以山中雜樹自有自無從未有滋培而護惜之者而何論於製膠成物哉今宜專收橡子擇地布秧聽民領種十年內外卽

可剩膠中國地脈之佳天時之美生此奇木惠彼諸邦十年之後此項利權將與嵩岱比崇江河同永矣且橡樹特其一端耳中國地居黃道百產繁昌天蘊珍奇濟人利物爲西人所不知者何限爲西人所知而華人尚不及知者又何限利源既闢聲教隨之四海一家中外禔福出我餘蘊獲彼王侯有疑此言之大而近夸者請驗諸三十年之後

種茶製茗說

茶荈之利萌芽於六朝顯於唐興於宋而極盛於本朝海內外含生負氣之倫自蒙古哈薩克西伯利亞諸部落袤延西海俄英德法諸邦渡海而至南北美洲新金山日本南洋萬島越南暹羅緬甸印度波斯以迄阿非利加全洲各國統白黃紅黑諸種族凡有心知血氣不復茹血飲毛知有火食者無不飲之所謂天下之口有同嗜者節一飲食之品而五洲萬島飲和食德靈泉甘露洋溢寰區中國包舉全球之量具於斯矣妄人不察方謂外洋以煙土酖中國中國亦以茶荈酖外洋而不知煙之入華有百害而無一利也顯

逆天心者也茶之出洋有百利而無一害也隱合天心者也
天道好生人心不死則茶之行銷將與地球永永無極而煙
土之種類久必將自絕也無待再計決矣西人之精化學者
考求茶質大益人身而人之不可須臾離者實緣內有鹼性
故飲食之後甘醲肥膩齒牙肺腑膠黏不清飲以名茶一鍾
則百體爽然精神煥發良足以滌瑕蕩穢保生人壽命之源
前有千古後有萬年既有地球卽有人類既有人類卽有火
食既有火食卽有茶飲此業之興當與天地同其悠久矣日
本知其然也故於其國中刻意種茶冀奪華利英人知其然
也故於北印度之亞山地方教民種茶製以機器不收口稅

以與我爭俄人知其然也故每歲游歷江西安徽湖南北出茶之處購覓茶種雇募茶師於黑海之南自行種植然或天時未合土脈不佳所出之茶色香味終遜華產雖印度日本逼近中華近日出茶與我相埒已能奪我利權而西國良醫攷求性質終謂彼茶燥烈而華產和平恐亦非持久之道矣況茶山深遠穀雨抽芽天氣宜晴而夜宜多霧其時有大霧二三日則天地絪緼之氣醞釀深醇所出之茶精美殊絕黑海天氣略與山左相同春陽雖溫濃霧殊少亦地限之耳第中國官民上下毫不講求掩聰塞明坐受其弊正稅半稅之外困以釐捐成本太昂倍於山價則官之弊攙雜僞質落價

爭售割磅低盤掣動全局則商之弊預領資本抬價居奇商本盈虧不相顧惜只圖目下安問來年則山戶之弊日本印度之民於種茶一事性命以之土性所宜歲歲添種製茶時日僅半月耳時過則葉老如天氣陰雨則采焙均難中國人工斷難一律西人參用機器製焙加倍精純中國種茶之地甚多而不知推廣製茶之法甚拙而不欲仿行則民情政俗之弊四弊者不去中國之茶務危矣哉雖然中國之大弊其故總由於不知人心之不齊人事之所由日做也誠能上下一心變通整頓則中國之天時可恃地利可恃但使出茶益廣製茶益精茶本不昂茶價不貴則西人之口亦猶人耳同

茲運費同茲價值彼將購上等之佳茶乎抑仍購次等之劣
茶乎何去何從何通何塞何絀何贏亦可不煩言而自解矣

種棉軋花說

洋布洋紗之入中國也數十年於玆矣自咸豐同治以前每歲入口之數不過千萬而止光緒以後歲歲驟增値銀至六千餘萬較洋藥多三分之一而土布之利遂盡爲所奪矣中國商人亦欲購機仿造第英人於紡織機器諱莫如深且機器所用皆係木棉色白絲長與中國棉花迥異遂有疑華棉之不合機製者西人既以極廉之價奪我土布之利矣織布販布通計利息不過五釐遂有疑華人仿之斷難獲利者厥後美國織業大興日本乃專用華棉紡紗織布中國亦自設紡織各廠所出紗布海內風行始知華棉色白絲長雖較洋

棉稍遜而堅厚溫暖過之華工性情馴謹作工更勤而每日工資僅及洋工十分之一花價既賤日用又廉皆非英美諸國所能及綜計織布局之利歲息二分辦理稍善可及三分紡紗局之利歲息三分辦理稍善可及四分非惟華人喜出望外抑亦海外諸邦所不及料也於是歐亞各國始知華棉之美華工之廉洋棉每百觔需洋卅三元印度棉花亦在卅元內外而華棉每百觔僅需十二三元多至十七八元而止故近年洋船回國多購中國棉花壓載出口花價驟增至二三千萬兩之多紡織紗布以售銷各國此項利源有加無已前年上海布局被燬有謂織布已屬暮氣而紡紗始爲朝氣

者而以棉花出口歲歲增多之數言之則織布紡紗均屬暮氣而種棉軋花始爲朝氣也中國棉花推直隸德州第一而江湖各省次之絲長色白媲美洋棉而堅厚溫和更合華人之用皆中國日本各紡織局比較試驗而確知其故者此時設一織布局需資本六十萬金至少四十萬金設一紡紗局需資本四十萬金至少三十萬金否則所獲之利與所費之工不能相抵總之長袖善舞多財善賈資本愈足利息愈豐紡織兩局大概如此曩與熟精此事之人欲定造小號機器並廠屋止需二三萬金者以便中國各省推廣設立而通盤計算獲利過微不能舉辦因自軋花紡紗以至織成布疋須

經二十三器而成料件繁多工艱費鉅機器雖小而一件不
能省故也惟軋花機器止須五件資本多則數萬金少或數
千金數百金均可開辦南北各直省曠土素多若能勸民廣
種棉花參用軋花機器轉運旣便一水可通所出棉花兼擅
中西之勝此後花價日貴銷數日多不惟衣被中倭併可經
綸歐美西人謂合地球人民以四千兆計十人中穿布者僅
及十分之六將來人思穿布布必用棉衣被人閒此利豈有
涯涘哉以軋花機器開其端推廣於紡紗織布萬家機杼比
戶素封中國二十行省無貧民矣

種蔗製糖說

西人飲食之品鹽少糖多適與華人相反故中國絲茶而外蔗糖一項亦爲出口之大宗英國糖肆規模與絲行茶行宏麗相埒嘗取中國蔗種植之愛爾蘭之南境矣雖刻意講求培壅去病除蟲而天氣太寒土宜不合一二年後瘐瘠無糖今已絕種法主拏波侖第一雄才大略思併歐洲首與英國爲敵英人糾約各國禁止商船毋許一船入法國海口法人飲食皆不得糖舉國大困拏波侖第一懸數萬金之賞諭國人有能於甘蔗之外另獲新法製糖者則予之法人百計圖維凡六穀百果之屬無不煎熬取汁或滋味太薄或糜費過

多最後始以紅蘿蔔製成蘿蔔百觔煎糖十觔而蘿蔔之糖遂盛行於歐洲各國美國初建全資中國蔗糖後見其土人春日入山雜坐楓林以鐵管吸取楓脂味殊甘美乃仿其意吸脂製糖亦與紅蘿蔔相埒二者均味甘而淡仍須參用蔗糖天生甘蔗以惠中國華人知而用之西人食而甘之斷非他物所能掠美也惟甘蔗雖中國獨有之利而製糖之法器具不精提煉不純色味不潔西人新剏造糖機器巧捷無倫購買中國之糖以水化開參入洋糖再加提煉用力少而索價昂較中國貴逾一倍然糖質不純其味仍嫌太淡也使以中國產蔗之區製以機器不須參入他糖則質美値廉必可

盡奪其利乃株守成法出糖既少費蔗又多製法不精售値更賤因循不改轉使洋糖充斥內地無可如何我之大利反爲彼奪固由商民愚昧積習難回亦在上者不能因勢利導之過也東南各省所植甘蔗獲利頗豐自通商以來洋船所帶洋糖色澤瑩白人咸愛之舊日之糖銷路日微銷數日絀糖商折閱無可挽回欲求不貧且窘也其可得乎今宜向英國定造製糖機器向種蔗之地設廠製造務求色白味美遠過洋糖而取値與之相等非惟已失之利可以收回即向未行銷之處亦當舍彼而趨此矣至於種蔗應以何物培壅若何防蟲防鳥防病西人查攷益精並宜悉心講求編作歌詞

俾農民共曉舊時夾蔗取汁之法太粗太笨棄蔗太甚糜汁實多亦宜改用新機使一蔗獲一蔗之用山澤之內楓樹成林棄作薪蒸無人顧惜亦以鐵管取汁製糖參用化朽腐爲神奇仍復歲歲添栽俾千里霜林皆成錢樹則地無遺利人無棄材百產歕盈千艫絡繹雖欲不殷且富也亦不可得已

種菸加非說

西醫攷飲食諸物具有驗性者茶荈之外惟菸與加非菸草生於呂宋厥後寖推寖廣分秧布種浸淫徧於五洲西人初以爲無益也以重稅繩之而嗜者益衆當夫酒半茶餘既醉既飽菸草之性味能滌穢濁而使之清雖有厲禁焉不可止也加非一物始自非洲西人分種於歐西各國人咸嗜之入以蔗糖和以牛乳飲膳既畢人啜一鍾與飲茶相等法國加非之館充溢閭巷星羅棊布如中國之茶寮種加非之田獲利尤厚惟澆培糞壅大費人工一人之力不能多種菸草亦然然貧人得田三五畝以種煙草加非則餘利豐盈八口之

家飽食暖衣無憂凍餒矣中國種菸頗能用意惟未精究培壅之法亦未深知收貯之方又不能仿製菸卷紙煙行銷外國轉使東西兩洋竊我權利近日紙煙入口約不下數百萬金英人倭人均在上海設廠收儲製造就地發賣以矛陷盾可爲寒心蓋菸草培壅得法則葉韌而柔否則脆矣收貯踰年則味香而永否則薄矣此物雖微華人嗜者過半何可聽其盤剝蠹我中原又爲洋藥洋油之續乎種加非之法華人尚未及知然歐美兩洲皆視爲飲食必需之品海疆內地華人亦多嗜之其珍貴與紅茶等中國沿邊沿海曠土素多無業之民盈千累萬但得官司勸導度地購種與菸草同栽工

價廉售値貴用力少見功多自無不樂於從事者惟中國農學廢弛已久官民隔膜勸勞無聞耕耘種植之功一付諸鹵莽滅裂之輩則有名無實一暴十寒天下之惰農亦斷未有能收其效者耳體古聖養民之心參歐西興利之法不以效法他人爲恥不以躬親細事爲嫌則任舉一二事行之一二處俟之一二年而已可以養無算之閒民廣無涯之生計收無窮之大利塞無限之漏卮必翹翹然自異曰我官也彼民也我治民者也彼奉上者也我知收賦稅顧考成而已他何知焉恐海內之財止有此數通商而後川流海溢每歲出洋數千萬金譬一池之魚噞喁唼喋上無活水下有溢流其始

也相呴相濡相攻相奪彼此猶不及覺耳久則合池皆涸處陸而枯巨細千鱗同歸於盡欲如前日之相忘於江湖也豈可得哉吾人之智奚不若魚而乃自利自私目闇邱山而禍懸眉睫不早决西江之水以自救乎以上所舉種植各事皆西人之所必需搦辦有成卽可以行銷海外者至於民生之所用土性之所宜萬彙千名更僕而未能悉數惟在官民上下痛癢相關視民之事如己之事除其疾苦牖其愚蒙助其工資課其樂利一念之仁恝萬命之存亡繫焉較之施食於衢救死於頸善堂荒政事過卽停者其功德之久暫大小相去何如也

講求農學說

中國農事自古講求耕耤三推以勸天下至

國朝併丁於地經制國用舉出於農海內益精究務農之法西人之游歷中國者見農人之勤苦農具之精良農功之美備咸欣喜贊歎稱道弗衰然有宜分別觀之者則南省之農事勤而北省之農功惰也兵燹以前之農事勤通商以後之農功惰也夫農人胼胝手足三時作苦以養他人亦天下之至苦矣北方水利湮廢肥磽聽之地水旱聽之天樂歲無倉箱凶年有溝壑而官吏於利民之事廢置而從不一修民復何心民亦何力亦鹵莽滅裂坐以待斃已耳此北方農民之

所以惰也江海通商食力之民趨之若鶩每月工資至少數元以養妻孥綽有餘裕農民終年力作催科峻急不免飢寒咸思舍耒遠游幾有萬一之獲此通商以後各省農民之所以惰也夫一年之計樹穀穀賤則傷農古人調劑盈虛具有良法蓋五穀之利在各業中爲至微而耕作之功在各事中爲至苦然一日不耕天下有飢者農政之所關又在各務中爲至重古聖王所以春省耕秋省斂補不足助不給勞農勸相歡若一家者誠知其故矣故教之樹畜使桑麻機杼狗彘雞豚五穀之外餘利充溢卽所以補之也濬以溝渠使畎澮距川井泉塘堰一夫之力倍獲豐收卽所以助之也大約種

穀之外苟不樹不畜水利不興則其地之民必貧窘而不能自給也決矣英國百年之內工作大興而農民益苦其國君乃概免田賦以恤之然猶不能自振也幸英國用周制大宗之法舉國之田概歸宗子餘皆佃人故多田之翁擁膏腴動數百頃乃講求農學耕耘培壅收穫均參新法用新機瘠者皆腴荒者皆熟一人之力足抵五十人之工一畝之收足抵五十畝之獲又廣開水利教民廣植桑棉葡萄加非煙葉等樹於是農民亦大富足以與工商相敵而農具之精直甲於天下矣由其田主皆富人故於農業之中亦能推陳出新收長袖善舞之效也法國不然人有田畝則諸子均分與中國

同故法人之多田者不過六百畝少或數畝十數畝無力購置機器君民上下專以興水利廣種樹爲功葡萄釀酒爲國大利國制生子者必種葡萄兩株生女一株違者有罰人有葡萄三畝已足小康五畝則中人以上之產矣田少功勤國亦大富德意諸國略與法同國中聚集講求各有農學之會則田主不富不用新機而亦可以自收大利者也中國於此誠宜兼收並采擇善而從如南北各省鄉里之富人有擁田數千畝數萬畝者宜勸令攷求培壅收穫新法購買機器俾用力少而見功多如伊尹之區田畝收數十倍則富者益富矣如農民祇有數畝數十畝之田專植五穀還清賦課閉戶

啼飢一有荒年棄田逃徙則宜倣法國之法因地制宜令各種有利之樹或畜牧之類而又爲之廣開水道多闢利源則貧者亦富矣惟天下農民大都愚拙安常習故不願變通又恐舍舊圖新利未形而害已見此中外古今之通弊也宜將舊日農書删繁就簡擇其精要適用者都爲一卷仍繙譯各國農學取其宜於中國鑿鑿可行者亦彙爲一編頒布學宮散給生童轉教農人之識字者至於水利必先籌費種樹必須購秧誠宜設立專官認眞經理乃能剏興大利救我兆民此王道之眞功聖賢之實效也而又何疑焉

畜牧養民說

北方畜牧之利見於經籍史傳者古矣牛羊駝馬之羣量以川谷雞豚狗彘之畜足於圈牢自漢唐宋元以來北方富人首言牧畜本朝承平二百餘載孳生蕃息益當盈溢中原乃自咸豐同治間粵捻横行内外各邊踵以馬賊肅清以後又復頻年水旱轉徙流離人不聊生何有於物泰西各國每田百畝必空數畝不耕不穫專殖青草圈作牧場中國曠土猥多無須爾爾但使得人經理愛養蕃滋則其利已不可勝計矣美國有三富人其產業皆以數萬萬金計其一曰鐵國乃鐵路總商美國鐵路什八歸其掌握所謂富堪敵國者也其

二曰水國乃太古洋行之舊主輪船商船運載徧於五洲其富亦不可計量者也其三曰土國爲紐約一埠之地主富與相若而發跡甚奇年少之時一無賴子耳後忽發憤自立積洋五元盡買雞雛於曠地積穢生蟲以飼之和以腐渣數月長大向以洋五分購一雛今每隻售洋五角於是五元資本化爲五十元矣改而畜豕獲利倍之由是而牧羊而牧牛積貲盈萬紐約一埠三江會合其時一荒野牧場也某心計此閒日後將成商埠乃以廉價購之未及十年各國商人麕集果爲美國第一大埠人多地少樓高五層皆一人之業日安坐而收億萬之租所謂土國者是已然某以牧牛之利至廣

至豐牛乳一宗西人飲食必需之品牛雖倒斃筋皮骨角無一棄材故於美國之西廣闢牧場畜牛百萬所製牛乳封以鐵瓶行銷五洲精美冠天下今日子孫猶然世業致富之道至奇亦至庸矣可知萬國通商人貴自立祇須能製一物能成一藝能執一業能挪一法風行一世者卽可立致巨富創業成名無貴賤大小一也北方畜牧之饒夙有師法惟無多資本則不能廣置圍場非有智慧聰明則不能推陳出新振興大利如牧牛取乳之法蒙古雖有酥酪未甚講求不有鐵瓶何能寄遠比來外洋牛乳華人頗多嗜者並西人所用每歲入口值數百萬金皆在免稅之列誠能自設牧場養牛取

乳即行銷本國獲利亦甚豐矣天津出口之羊毛駱駝絨價廉物賤因不諳收儲翦剔而然西人運歸本國織造氈毯售我重價歲銷大呢羽毛洋氈法蘭絨等項不下二千萬金即如雞毛一物西人盈捆購歸製成露水洋花以銷中國華人之髮西人購去編作巨繩爲兵船繫錨之纜每繩值價千金蓋鐵甲船身過重鐵錨亦數萬觔海浪掀天無論何物製繩一掣皆斷惟髮繩爲人身精血所化其堅韌無與比倫西人格物之精華人心計之拙舉一二端而可見矣左文襄前任甘督亦嘗購買機器仿織呢絨然牧場未立風氣未開萬里甘涼艱於轉運資本太重不利行銷因擲辦之時本未通盤

籌畫故耳苟於遼瀋山海關天津等近海之處籌集股本設立圍場駝羢羊毛如法收翦購機設廠織造氈毯務與俄英同其精美中國食物既賤人工更廉又省數萬里轉運之費較西洋貨價必可減半銷售然後逐漸推行興造鐵路達於沿邊熱河口外七廳包頭等處蒙古素饒畜產亦教以收翦之法平價采買以擴利源此每歲溢出之二千萬金不數載而可以收復所謂有人有土有土有財者此之謂也夫事無難易得人則理伊古已然西國振興工藝至紡紗織布之機人巧極而天工錯向亦謂中國斷難興辦耳乃不及十載南省風行收回利權歲千餘萬況天津出口駱駝羊毛爲數不

少九邊內外曠士素多織造氈羢之機卽由織布紡紗而變者料件更簡管理非難苟能因地制宜剏興大利一二年間有可操劵而獲者若之何畏難苟安日守困窮而不思變計也

拓充漁務說

佃漁之利中國開刱最先山谷之間江湖窵遠則築塘建堰蓄水養魚所畜鯖鯉鰱鱅等魚飼以青草疊石爲島水宜寬廣便魚游泳往來自春徂冬魚大至三四觔二三觔不等一人之力歲收魚利約百千數十千不等略視人功之勤惰以爲差此養魚之利也下游之地逼近江河則或釣或罾或網或罟或鸕鷀竹籪鐵叉之類取法甚多捕魚之船隨波上下因時逐利亦足以養妻子而贍室家此取魚之利也至於沿海居民素無恆業則結隊出海風帆堅船網取海魚魚之去來自有風汛值巨魚大至則結寮海壖夜以繼日百計搜捕

必使盈舟滿載始相率揚帆以歸此捕海魚之利也中國人民工於射利固已淩波蹈險不畏艱難矣而有倘宜拓充者一事焉則捕鯨之利是已西人言四海之外惟北海獨多大魚其餘則否故莊子鯤鵬之喻獨數北冥窮髮天池夸其修廣者此也鯤即鯨也海上之魚惟鯨最巨周身骨肉皆蘊脂油西人捕之熬煉爲燭精瑩皎潔百倍光明即今洋燭是已魚油堅凝無須用蠟聞近日越南暹羅之蠟樹摧伐罕存故蠟價貴至五倍然則洋燭者亦以補白蠟之窮也法國通國之人皆用洋燭無用洋油者惡其氣味且易肇火災自餘歐美亞三洲大小數十國無不喜用洋燭入中國者歲亦千萬

行銷之廣罕與比倫於是各國捕鯨之船徧於北海法以純鋼爲鉤以燒豚爲餌以人髮爲繩百人駕舟逍遥海上投餌於水鯨魚吞之不敢掣也緩棹其舟回翔轉折以引之及岸則以繩繞大石或山峯環之數帀盡百人之力輔以起重機器併力掣之而魚上矣得一魚而數萬金在其掌握魚之小者亦不下數千金故冒險趨利之人以數百萬計爭端屢起輒礙邦交乃劃分海界百里之內不許他國捕鯨始信龍伯丈人古記亙非夸誕也中國自渤海以至朝鮮東三省沿海之區皆鯨魚所萃而不能捕捉坐使他人竊我利權以一物之微每歲千萬金錢流溢海外斯亦拙者之明效矣宜仿其

意設立捕鯨公司雇募英美之人指揮鄉導先就渤海一帶搜捕漸達於朝鮮黃海之濱援案訂立約章百里之閒毋許他國鯨船闌入設廠製燭轉運行銷利國利民莫要於此否則中國舊燭光明遠遜蠟價甚昂洋燭行銷日以增廣惟油與燭蠹我中原每歲將以華銀數千萬計欲不窮且敝也得乎拘方之士好爲高談不知通變則必有一物也足以代之而後可或能嚴申禁令永不使吾民購用也而後可然舍貴趨賤人之常情恐酷罰嚴威不能止矣中國捕魚舊法亦有過於惷拙用力多而見功少者並宜參用新法以廣利源則漁村蟹舍閒亦有陶朱計然之術何必萬里行商哉

續富國策卷二

礦書

大興鐵政說

廣釆羣金說

鍊石陶甎說

取土製磁說

維持礦政說

治天下之道二曰富曰教富天下之政二曰食曰貨今天下之大患非食不足也貨不足耳閉關以前貨無所謂不足也通商以後始覺覺然日憂不足耳此其故有三焉不可不察也當日風俗勤儉粟布交易隣境不相往來囊無一文不憂凍餒日得百錢羣相夸美矣今人情浮動政俗奢淫生人日用之資增至倍蓰什佰而未已此不足之故一也西人自通商以來獲利無算常謂中國之大與海相若無論運貨若干至埠總可銷售無論運金銀若干出洋從無窘象此四十年前之說也然隣之厚我之薄彼之利我之害川流海溢其枯

其涸可立而待今已捉襟見肘矣他日之窘又將若何此不足之數二也天下之金三品金必貴於銀銀必貴於銅中國行用銅錢垂五千載銀礦少而金銅礦多當時本國轉輸銅錢已足金不貴而銀亦不賤也今美國墨西哥銀礦大開運入中國易我黃金中國之民貴銀賤銅雖有黃金不知寶惜而外國通行以金爲準於是中國之銅賤銀賤而外國之金錢獨貴欲購洋貨非金不行既不知自鑄金錢又不能不用洋貨此必困之道所謂爲淵敺魚爲叢敺爵者也其不足之故三也守此而不變再閱十載彼之貨皆貴我之貨皆賤彼舉國皆富人我舉國皆窮人試思窮人聽命於富人乎抑富

人聽命於窮人乎將使權勢舉無所施愚智皆爲彼用不蹈印度緬甸越南之覆轍其事不止他日中國四萬萬衆神明之胄顚連困苦奴虜終身濟濟羣公何以自解於天下萬世哉欲救此弊必廣鑄錢文欲廣鑄錢文必大興礦務然而開礦之說既有年矣或主官或主商其說亦至不一矣開十礦而獲其一二不得謂之無利也官則止能得利不能失利假浪擲資本再試無成即日奏停因噎廢食矣商既集資必得利乃已也則商辦宜矣遞上奸商借礦爲名集資以供浪費大信既失招股遂難即股集矣礦成矣而工人麕集動虞滋事奸商龍斷難服羣情非臨以淸正之員不能息爭止競則

商辦而官督宜矣雖然魏源嘗言之矣開礦一事大吏欲之而小官不願也督責雖嚴而彼以無礦報大吏無如何也至於不肖官吏藉查礦爲名日縱虎狼需索騷擾而流弊益不堪問矣欲除此弊其法有四一曰一視聽滇銅歲采圖法所關各省礦産一律封禁今雖縱令開采官民之意尙疑疑擾民疑受累疑不能持久疑無利可圖疑他人入室積疑生畏事必無成或授意愚民橫相撓阻彼民也又安知大局者宜

請頒

明詔曉以利害咸使聞知則視聽專而趨向壹矣二曰明賞罰小官之不願開礦者慮受開礦之害也慮開礦之利不敵

其害也慮受其害而因以失其本有之利也慮開之未必有利而不開固亦無害也皆私也宜仿鹽務緝私之例明定賞罰境內一礦有效予以升階多礦見功擢以不次棄礦不開者撤藉端擾累者參而後賢愚競勸也三曰減稅課泰西之礦稅二十而取一中國舊制十分取二較之賦稅特示嚴苛意亦藉以封禁耳官吏不敢議開半由於此上等礦產尚可勉支稍次之礦商民無利則棄之耳今既銳意開采宜改為二十分而取一而金銀銅三項必全數繳官官照時價購之以備鑄錢之用此亦西法也四曰設官司礦有大效必仿鹽法酌繁簡以設官剏辦之時宜擇礦苗最盛如雲南四川湖

南山西東三省各派大臣督辦撥給官本自辟僚屬寬其銜
勒以責成功以商爲主以官輔之示以大公持以大信歆以
大利御以大權而後利源可以盡闢也此維持礦政之法也
一或不愼艱阻隨之矣可不熟思而審處哉

精究地學說

滄海桑田之變易高陵深谷之遷移此其說華人挪之西人引而申之泰西於是乎有地學彼人開礦專倚礦師較華人望氣識苗較有憑據礦師之所學則地學耳西人將地下土石各質分爲十三重繼改爲九重後又統以三重三重者近古中古太古是也地球土質漸積漸高掘地驗之確有層級其所以積高之故可分爲水成石火成石兩門蓋地心奇熱乃燒化之流質自古迄今未曾增減掘地深十丈以寒暑表驗之熱增一度愈深愈熱以至不可嚮邇則地心之蘊火無疑也攷此火所從來實出於日日之體積大於地球三百萬

倍一團純火焚燒金鐵之精蕩蕩豈風陽輪自轉爆出一星之火游漾天空則五星與地球也月距地球最近又地球之分體耳地球甫成其熱與日相等天風振蕩體質漸涼則結薄膜一重周於地面此膜爲至堅之石無隙可乘常因地震地動陵谷變遷間有升至地面者各處火山之口日噴流質冷凝之後皆鐵與礦可知地心皆含此質彼以火成石分爲三類曰鎔結石火化石火山石所謂太古一重者其時尚未有物也地球結膜熱氣驟涼乃化爲水地面皆海山阜無多間有高出水面者則生綠苔青草其內則生螺蛳蚌蛤之屬是爲地球有生物之始純陽蒸鬱盛大蕃昌草皆成樹高數

十丈海則有巨魚飛鼉陸則有異禽大獸今掘地得骨皆不知名久而低者忽升高者忽下山原河海屢經變遷絕大樹林沈埋地下壓而成煤故能燃燒不息海底所積珊瑚之樹微蟲螺蚌之殼由埤而高延歷數十萬年地氣漸涼土質漸厚海水漸少山野漸多而人始生焉故地球中層石質皆海水蕩滴而成所稱中古一重者其時尚未始有人也人之初生即饒智慧維時怪禽惡獸高大龐猛磨牙食人人乃巢居穴處以避之合羣聚族以防之斷木礪石作爲弓矢刀斧之器以殺之故近古最下一重掘出器物類皆堅石所製西人名曰石期生人閱歷益多心思益巧乃鍊銅爲兵器而鑄錫

以銲之銅兵既出石兵不能敵彼此攻奪而殺運始開掘出銅兵即在石兵之上知前人爲其所逐也西人名曰銅期最上一重已近地面則皆係鐵兵鐵器掘出各物知當時殯葬宴會之禮與今日大同人獸之骨亦與生者無異西人名曰鐵期即所稱近古一重者也攷地球各質惟煤鐵最多其效用於人者亦以煤鐵爲最要他日器用必皆用鐵薪蒸必皆用煤取之不窮用之耐久地上之物漸少不得不取之地中耳至於五金各質本在太古火成石之內爲地心流質鎔結而成其蘊於地中出於地上者或因火山噴發或因地震升騰故同一地也不能處處皆有即有礦金之處亦復多寡

不齊厚薄不一每見有鎔結石火化石火山石之地即知其必有礦金因而覓之十不失一又將土石各質分爲金類非金類兩端又於金類之中分爲輕金類貴金類兩種皆以白金爲小釜用化學入釜化分凡金銀各礦必有他質雜之如是則本質分開而雜質之有用者亦絲毫不能耗費珍奇入貢而鉅細兼收皆以地學一門括全體而成大用而其端實自中國開之西人化學精深亦仿於道家之爐鼎黃芽白雪彼徵諸實我麗於虛我以欺人彼以富國不龜手之藥一也或以封或不免於洴澼絖則所用之異也所論地體之生成地質之層累其理皆古人已言之西人心力精專因得攷求

其實象旣興礦務當用礦師欲識礦金須明地學愼毋强分
軒輊自窒利源使寶氣靈光終埋土壤致他人先我而爲之
也

開山伐石說

自共工氏頭觸不周天柱折地維缺女媧氏鍊五色石以補之厥後神聖繼生文明大啟豐碑建積疊礎承欒螭陛雕闌玉階瑤砌亭亭翁仲矻矻橋梁攻石之工精美冠天下未世洊經亂離日趨簡陋重以深山邃谷采運艱難近者既已空遠者莫能致惟以粗獷濫惡之質充數濫竽事少堅貞人懷苟且識者慨然於以覘世運焉而不知采石一事西人列爲礦務之大宗以其濟用於生民者爲尤鉅也西人攷火成之石鎔結一片無隙可尋不能采也此外各石約分三類海底汙泥細土與石灰摶合而成所謂平好阿石又曰泥石者即

中國之青石是也海內有微蟲其細如塵白如粉多如恆河沙積厚至百丈又有紅白珊瑚者本爲化生微蟲之窠旣速且多不可計算南洋萬島大半皆珊瑚所成日積月高遂出水面此等微蟲結而爲石瑩白堅緻加以雕琢精好殊常彼之所謂花剛石華人名曰漢白玉卽中國之白石是也海中螺蚌之殼堆積如山得熱化分參合鐵鏽沙泥變爲麤石蓋螺蚌之殼卽石灰耳西人謂之殭石卽中國之紅石是也此皆上古造化所成供人采鑿至於地中地上泥土各質內含石灰得水得熱得光均能化合堅凝變而爲石海陸造化無息無休成石之多不可計極西人攷耶穌降生前三百年嘗

中國秦漢之時羅馬初興建一神廟其神座之白石取之巴
庇倫曰神廟中記述巴庇倫建此廟時迄羅馬已歷三千載
埃及之北境石碑石闕石墓石墻尤多所刻蟲鳥之文略同
中國西人工於琢石亦數千年於茲矣歐洲之法國尤重石
工鉅麗精堅甲於諸國自餘英俄德美奧意西比各大國亦
無不磨礲椎鑿人物花鳥栩栩如生雖復刻意求精仍以堅
樸耐久爲主不徒侈觀美夸後人也蓋諸國之文物聲明規
模峻整實於此見其大凡而闕闥之崇閎樓臺之高聳堅牆
峻宇皆以美石爲基歷劫難磨風霜不蝕故禮拜堂之屬有
矻然久歷千年者琢石既巨用石益繁其選石采石運石之

方亦日加捷敏西人攷求作室之法通風去溼利益人生他日全地球中皆將仿效石之爲用彌大彌長西人攷中國石礦之多石質之美全球各國皆遜一籌苟能精選佳材設立鉅廠製以良工大匠運以鐵路輪舟如入山太深則修木路以相聯接專採花剛石之類行銷各洋獲利之豐更僕難數重巒大壑皆化金銀矣至寶石一類如金剛鑽碧霞犀翡翠白玉水晶瑪瑙及紅綠藍紫各寶石凡有色有光者西人既善搜求華人亦勤采擷然彼能見石辨質認礦尋苗華人不能也是彼於識寶之中兼寓采金之法尤應精求其理者也

分塲采煤說

中國石煤之用其在隋唐之閒肇始於西南各省乎泰西各國用煤後於中國約數百年然中國至今以爲煤乃石之可燃者耳西人專門立學將各國白煤紅煤煙煤泥煤之屬細意攷求始知煤皆木質古有大林閱歷滄桑沉霾地下數千萬載堅黑成煤亦有黑而未堅如紅煤煙煤之屬與木炭相近木心之紋理木之枝葉花果均可辨認煤爲木化碻鑿無疑泥煤則儼然黑泥西人以爲水草所化從地面至地下煤多者九層少者三層向下一層必較上層堅結閱時之久暫爲之也每一層塲厚者丈餘薄者數尺寬者千里或數百里

狹者數十丈或數丈不等西人碻知此理故采煤之路隨所向而覓之百不失一嘗謂全球各國文明日啟生齒日蕃樵牧薪蒸地面之草木萬不敷生人之日用幸地下蘊藏煤產閱時數十萬年多者九重寬者千里以供薪爨永無匱竭之時比來機器大興用煤日廣如白煤紅煤合煉鐵冶金之用煙煤一項爲火輪舟車及各種機器之需煤泥提煉煤油以供燈火行銷各國爲數尤多英國蕞爾三島富甲寰瀛其未得印度以前徒倚煤鐵二宗縱橫四海人知金銀之利而不知煤之爲物爲大地生人所必需者其利益乃不可計算也西人之游歷者謂中國煤礦之富地球萬國無與比倫湖南

山西一省之煤均可敵英國一國英國煤利之富每歲三萬萬金以我偏隅當彼全國中國之富詎可限量惜乎覓礦之法不精采煤之法又拙道途險遠轉運艱難以致奇寶瓌材永棄於地窖藏金玉而日歎飢寒中國之貧天所賦耶抑人謀之不盡臧也誠使雇募工師修築鐵路仿開平之法參用中西如京西南房山地方比鄰晉省煤產之富煤質之佳均中外所豔羨只須將津盧鐵路展長一段既備輪車之用復開大利之源然後逐漸拓充將山西合省之煤悉行開采此一事也鄂省擬開鐵政用煤日多湘中懸隔洞庭風潮稽阻民舟往來不便須以輪船拖駛轉運始靈亦宜遣礦師按塲

尋求徧開美利此又一事也然特舉煤礦最多之省言之也此外各省何省無礦何礦無煤能籌轉運之方即有非常之利惟在上下一心官民合力以闢此不竭之源耳英國煤礦章程最爲美善其防火防病防壓防閉防水防爭諸法皆各國所師每一大煤礦工人萬數搬移運載又數千人不設立督理之官嚴定防維之法何以保全民命隱杜禍萌而國家稅課之徵即於是乎出雖廿分取一已大益於度支至於贍養窮民尤以數百萬計居今日而言生財之道惟求之於人度之於地幸勿因循苟且諉之於天則庶乎其可矣

石油石鹽說

石油即煤油西人謂之柏油出於泥煤之內美俄兩國出產最多狀如渾濁之泉與油不類而內含硫鹼便於燃燈美人取之復加提煉盛以洋鐵之匣護以松木之箱萬舶千艘行銷海外華人貪其價廉爭相購買每歲入口千餘萬金俄國煤油礦在黑海之東岸質稍清潔礦質尤多俄人以鐵管引之盛以巨舶運銷各國不用箱匣故取值更廉頗奪美洲之利販俄油者多係德人此近年各口所以廣設洋油池棧也俄美兩國之油銷入中國不脛而走各埠風行遂於洋藥洋布之外多一無窮之罅漏民貧矣國困矣何以堪之中國臺

灣向出煤油之井今則以川滇爲最多聞金沙江兩岸流泉滴瀝半係煤油華人不知取用四川鹽井熬鹽所用之火井卽油井也中國自有煤油不知開采而甘以白金二千萬歲畀諸異國之人可謂智乎誠宜攷求物產糾集公司測驗何處油礦最多最佳卽行開采此等油礦沸涌如泉只有工貲並無成本美油製造箱匣需洋一元餘則舟車轉運之費而已俄油載以巨舟所費益寡然自黑海運至中國計程六萬里而遙彼均可以廉價要我重利中國自有油礦工貲既廉運腳又省油價之賤更當何如此不可不急行設法以塞漏卮而收權利者也抑猶有說者俄美之油運售各國銷場盡

算惟中國獨多豈各國皆自有煤油之礦哉法國向用洋蠟不喜煤油自餘英德奧意諸邦以及俄美本國皆屏煤油不用代以煤氣電氣之燈運油之舟售油之肆均設厲禁不許多儲因煤油內含硫磺易肇回祿害多利少人皆惡之也煤氣電燈價較煤油更廉且可永無火患俄美出油之地自猶不用而獨以惡物蠹我中華有是理乎此時驟禁不用則俄美必有閒言且價較他油便宜一半民間習用何能强以所難惟有廣行煤電之燈乃能暗滅煤油之害此又釜底抽薪之法各國行之而效者不可不急思補救者也至鹽井一業川人已闢利源只須保護維持代籌轉運流通之法則天地

自然之利仍能日出不窮課税所關亙非細故聞川省改行官運財匱民貧不急思所以整頓之恐此項利源亦將閼塞則鐵道火車之議不可更遲矣鹽井之旁必有火井火井卽油井古所謂石油者也鹽井卽古所謂石鹽者也陰陽變化利益民生上天愛人至於此極西人於二者皆稱爲礦因其相類故併論之如此

披沙揀金說

中國采金託始黃帝通地球萬國無如中國之古者合地球萬國金礦計之亦無如中國之多者故太古黃金動以鎰計或以斤計自象教入中國布施塑象之金箔靡費如恆河沙皆灰滅煙消不堪復用而中國地上之黃金盡矣然地下之黃金故在也計金礦最多之地如山東奉天吉林黑龍江蒙古阿爾泰山新疆南北路青海西藏四川雲南各省部皆經中外詳探博訪灼見眞知而漠河及阿爾泰山西人所稱爲東西金山者也西藏一隅產金最旺西人名曰金穴俄英兩國南窺北伺皆思捷足先登而中國方掩聰塞明不以爲意

漠河甫經開采每人每日可得坯金六元因辦理非人營私舞弊大利所在又將廢於半途自餘各省金礦金沙比比皆是徒以官民隔膜封禁綦嚴稅課太苛無人顧問天珍地寶終聽沈埋强敵生心司農仰屋吁可慨也尤慮者各國通用之錢一切以金為準中國自有黃金不以鑄幣每年出口金磚金葉值銀三千萬兩之多國寶外流貨元內竭奇贏貴賤惟人所操深患隱憂未知何底矣宜通行天下聽民自開所得之金官以平價采買而薄收其稅其金彙解藩司鑄錢行用東西金山西藏四川雲南各處則宜專派清正大員督開金礦參酌中外明定章程延訂礦師講求地學部定金錢式

權輕重與英鎊同自購機輪與銀錢一律開鑄十年之後金礦全開萬萬金錢通行天下乃可以藏富於國藏富於民蓋今日之金葉金磚雖有定價猶之貨也非富人不能藏度時價略貴則出而求售西人因得低昂其間廣爲收買鑄成錢幣則作工食力之輩人可收藏一二文中國之黃金始不致全流外國而日後無窮之隱患亦得以逐漸消弭即如國債一端金鎊之低昂爲他日絕大關繫必采金自鑄則太阿之柄始不致永授他人其補救於深微隱闇之中者實非語言所磬也黃金之外復有白金較黃金貴至五倍即古之所謂鏐耳西人致全地球中惟俄美兩國金礦有之皆爲結成之

純質化學提煉加熱至五百度則金石皆流惟白金須加熱至七百五十度始成流質故化學之釜必以白金爲之近日電燈廣行燈頭引電之絲非白金不能受電火之銷鑠需用日廣出產甚稀價值所由日貴也臺灣金礦內有黑砂鎔之不流擊之不碎華人以爲棄物傾置海中西人取而驗之則白金是已夫白金既爲純質結成於金礦之中則他省金礦情形與臺灣相類者亦必不少且精鏐之名流傳遼古古人固已知之且取而用之矣亦宜設立專門攷求礦產毋使非常美質浪擲東流爲海外遠人所竊笑也

就銀鑄錢說

今日中國之銀何爲而賤也曰以銀多故中國之銀何爲而多也曰歐亞各國歲以銀二千萬兩運入中國也今日中國之金何爲而貴也曰以金少故中國之金何爲而少也曰歐亞各國以銀易金運歸其本國鑄錢也蓋各國貿易通行鑄金爲鎊淘金采金者不得私賣均聚而售之於國家其國家鼓鑄有所不足則由各銀行收買他國金條金葉金甎之類以補之美國墨西哥所鑄銀錢均運售於中國歲約三千萬元所謂鷹洋是已刻因金鎊太昂鑄洋無利而彼銀產甚旺不能不銷乃鑄成百磅之銀條運入各口夫各國五金之礦

不能如中國之全今旣以金鑄爲衡其本國金產無多不得
不買金以補鑄理固然也美國墨西哥銀礦開於有明嘉靖
之時產銀之豐天下第一而用銀之地中國與印度爲多或
銀或洋易我黃金出入之閒隱操輕重亦勢所必然也第今
日中國非無銀之患銀少之患有銀而不鑄錢民不便用之
患且不自鑄金錢以與銀錢輕重相權之患故當今日而鑄
金錢則必廣開金礦總納於官而不許有抑勒偷漏之弊也
當今日而鑄銀錢則宜就銀鑄錢官商通計不足則購之於
銀行此入口之二千萬兩先入之國家鑄局不用姑售之於
中國銀號也夫中國之銀礦非不可開也以目下情形論之

則中國之銀礦視他礦爲獨稀而中國取銀之法又視他國爲獨拙恐所得不償所失且必不敷鑄錢當銀賤金貴之時非策之上者也蓋銀礦一也有純銀礦有夾銅銀礦卽四川雲南所出雍乾以前鑄錢之品化分最難者也有夾鉛銀礦今貴州所出鉛多銀少不敵所費只可舍銀而取鉛者也此外夾錫夾鋅夾磺夾汞夾鐵夾銻等類銀礦含銀多寡取銀難易皆有精理偶或疏失資本全空蓋中國所能采者純銀之礦耳然中國純銀之礦今天下所已知者甚少固遠不如金礦之多也夫大地一礦藏也中外古今一錢市也如貿貿然開礦昧昧然鑄錢而不能熟審東西貨幣之源流中外礦

金之利弊得一礦則震而驚之曰銀也銀也持以與墨西哥美國較不止如涓流之於河海土壤之於泰山耳鑄錢之事權輕重而已今日中國之銅錢輕之極矣然而不能廢也莫妙於以重權之俾輕重之閒兩相調劑而後重不終重輕不終輕重者可輕輕者可重非深識五洲萬國之情實者不足以均中外之勢持天下之平也圜法變通之故詳見下篇

開礦禁銅說

圜法之行必有禁令此中外古今之通義也葢時勢遷變貴賤低昂國之强弱關焉政之興衰係焉民之貧富治亂由之其發端也甚微其積重也難返其究也遂將一成而不可變禁之者防之也所以防其微也又持之也所以持其變也故用金則金有禁用銀則銀有禁用銅則銅有禁三品俱用則三品俱禁非厲民也愚賤無知有何遠識過而不覺習焉若忘久則上下四旁交受其弊故錢法必有禁令者所以持天下之平也中國用銅請以銅論乾嘉以前滇礦極盛而銅禁旋弛始也富貴人用之繼也貧賤人效之而銅器遂徧天下

矣道咸以後用銅日多而礦產漸竭始也購銅以製器繼也毀錢以得銅而私銷私鑄者又徧天下矣未已也雲南之銅礦西人名曰銅銀礦銅六而銀四相連極緊鎔之不脫錘之不開如天生地成經百煉而依然瑩白惟以溼法分之銀與銅始離而爲二此其理華人不知也西人之精化學者知之東洋中國人之學西法者知之彼以洋一元易中國銅錢千文計六觔四兩合重一百兩提出鉛二成泥沙雜質一成淨存七十兩按銀四銅六計之可得淨銀廿八兩所餘銅四十二兩鉛廿兩仍可按時價出售也合天下萬國貿易校之安有坐收五十倍之利如銷化銅錢者彼工於牟利者也有如

此非常大利而欲禁錢之不毀禁人之不貪雖黃金滿前白刃在後不可得已所謂積重難返一成而不可變者也不有以講明切究變通而補救之恐再閱二十載中國之銅錢盡矣變通補救之法奈何曰廣開銅礦嚴申銅禁合三品以兼權今日滇銅礦苗將竭新開各礦銅少砂多而必欲責之於滇是何異刻舟求劍也聞四川會理州各屬毘連滇省廣有銀銅之礦督辦唐炯乃暗遣商人展轉采買以供京運是何異掩耳盜鈴也湖南江西兩省銀銅之礦徧於地中間有石裂山崩銅礦涌出土人因而挖取地方官聞之詫爲奇禍立即派兵驅逐巡守藉口有明礦稅封禁綦嚴是何異因噎廢

食也去此三蔽而移唐炯於四川另簡賢員督辦江西湖南銅礦則大利開矣外人購錢銷錢必有奸商爲之主而奸商所萃必以銅鋪爲之媒今宜嚴飭地方官限期一月銅鋪一律閉歇銅器一律繳官民間舊有之銅器限期三月亦一律繳官官按時價收買以供鼓鑄官民不用銅器無所妨也銅鋪之人收入錢局以供執事然後嚴挾銅之禁清出口之源則奸謀塞矣舊有之錢不必論矣此後所開之礦自應用西法提出紋銀別供鼓鑄而以淨銅鑄錢輕重以八分爲率中無可欲外有所懾不再銷矣然後用未分之銀銅礦以機器鑄當五當十之錢外有邊中無孔龍文國號大小如兩角五

角之銀錢當五當十準此折算所鑄銀錢大小輕重式樣花紋均依鄂粵之式每枚定價制錢一千文當五銀銅錢二百文當十銀銅錢一百文其五角二角一角五分之銀錢準此折算所鑄金錢大小輕重略仿英鎊而花紋式樣如銀錢每一金錢值銀錢十枚制錢十千銀錢自五角以下銀銅錢自當十以下準此折算輕重相制上下通行廓然大公整齊畫一不逐洋盤爲長落不隨市價爲轉移三品兼權我行我法則邦本固矣夫中國百產蕃昌五行具備無須仰給外人也自通商以來彼專以金鎊炫我出其餘貨易我黃金致中國黃金貴至三倍而金荒矣以銀易錢展轉販鬻制錢日少錢

價日貴而錢荒矣金荒之弊國受之錢荒之弊民受之惟敝
銀較前稍多然不鑄銀錢行使不便價值高下成色參差民
受其愚國承其弊所最便者蠹吏奸胥之侵漁盤剝耳三十
年前隱患雖深禍端未見也至今日而上下困窮四海嗸嗸
然患寡患貧交受其病或迂拘固執侈談周孔之書或震慴
張皇競進富強之術而尋源探本則圜法之弊一言蔽之矣
對證用藥則整頓圜法之弊一方括之矣起弱扶羸批郤導
窾聖人復起不易斯言也

大興鐵政說

西人之言天文者詳矣天學之不足輔以地學地學之不足明以化學化學之不足攷以光學光學之不足證以重學重學之不足通以電學其言曰日爲純火所謂衆陽之宗也隨日之行星凡一百二十有九皆日中爆出之微點耳其間金木水火土五星及地球天王海王二星凡八星爲最大水星最近日而火星次之金星次之地球又次之木星土星天王海王又次之水星火星小於地球金星之大與地球略等而質體皆甚重木星土星天王海王皆較地球大至數倍十數倍而質體轉輕於地球此以重學參驗而得之者惟日體較

地球大至三百萬倍究爲何質莫可名言後以光學驗之日體之光色熱度與煅紅之錳鐵等以他物擬之皆不類也因知太陽眞火焚燒鐵精流汁飛旋濺爲分體此百二十九行星之所由來也分體之後仍爲日之電力所攝旋轉天空星之鐵質多者體重而距日近星之鐵質少者體輕而距日遠各星與地球又自有電力互相抵制故能各成軌道繞日而旋不致攝入日中以供燒料電力者兩鐵相磨則生吸鐵力卽電氣是也至於月者又地球之分體距地僅七百萬里西人窺以遠鏡月中有火山三噴吐不息所含琉磺鐵汁甚多故以附庸地球長存萬古緣距地太近故電力益勁而朝潮

夕汐生焉火星金星各有一月木星則有四月土星光環之外另有八月不爲奇也西人旣知日月五星地球皆爲鐵質而以地學化學植物諸學徧攷地球上下動植飛潛山海土石水火之質幾無一物不具有鐵質秉有鐵性含有鐵精而鐵之效用於人萬類千名未能悉罄乃至人與萬物凡有血氣者中必含鐵血氣不足亦惟鐵能補之可知體用同源剛柔一貫我明其理彼識其名昔麗於虛今徵諸實矣故西人以爲今日製器所有草木諸物質體不堅時需更製他日生齒蕃庶需用日繁地面所生必將不給惟地球旣爲鐵質凡宮室器用生人必需之物必皆將以鐵爲之而後可以堅固

長存與天地同其悠久而地上地下無處無鐵無質非鐵亦足以供之矣西士之言雖多億度而近日工商競利機器盛行鑄礮至數十萬觔修路至數百萬里鐵闌繞室十層之樓閣高接雲霄鐵甲鑲船萬丈之風潮安如衽席此外鐵箱鐵篋鐵椅鐵牀盈天地之閒幾觸目而無非鐵器鐵之爲用亦大矣哉今中國鐵礦之富甲於五洲而采取未多鎔鑄又拙惟湖北鐵政一局規模宏遠人顧玩而忽之偶有所需事事求之外國天下安有事事求人者而可以自立乎哉言礦政者當憬然悟矣

廣采尋金說

泰西地學家攷金類之脈皆熱變所成有因地震地動地心之眞火上騰而變者有因火山噴發所噴之流汁經過地面而成者故各種金脈多在裂縫之中分塥分層較然可辨惟大地震動火山涌流古險而今夷古多而今少形勢遷變處處不同然細意察之遺蹟宛存自有一定之土石先辨土石以驗礦金如象罔求珠百不失一此泰西礦學所以精於中國也地產之金共有四十餘種罕見者二十餘種餘皆恆見而恆用之者論其用以銅錫爲最先論其產以鐵爲最富論其結成之候以黃金白金爲最遲太古之人礪石爲兵以禦

毒蛇猛獸有智者出采用銅錫鑄成利器遂以稱雄地上垂二千年所謂蚩尤作五兵聖帝明王因而用之弗能廢也黃帝首山采銅製爲錢幣太公九府廣鑄泉刀嗣後五銖三銖布貨莢錢之類沿用至今銀錢鐵錢錫錢貝錢盧卑菊花騎馬王面之屬通行海外而其法皆自黃帝開之允矣中國萬邦之首夐哉黃帝百王之首千秋萬古無異詞焉錫之爲器雖亞銀銅而利用宜民雕文鏤采陳之几席亦堪媲美敦槃則錫礦宜開鉛以入藥和之鑄錢今市中白銅皆參鉛質體柔而韌漲縮隨心故槍礮之彈皆有銅子鋼子鐵子之不同而內必含鉛剛柔相濟始不致擠裂礮管爆炸傷人鉛固生

人之物亦殺人之具也且其性柔善入礦內常含貴金而銀爲最富則鉛礦宜開自餘西人之所稱爲金類者則汞也鋅也鉍也銻也鈷也鎳也錳也鋁也鈣也鉀也或爲照相之神方或備醫宗之妙藥或爲製器尚象生長植物之要需必有專家乃窺秘鑰而鋁之用爲最廣其物爲最奇此物取之土中大地之土幾無處無鋁美國化學家搬得之其色白其質輕華人呼爲洋白銅者是已金類之質一經養氣剝蝕消磨除金銀外皆含毒性如銅則有綠也鐵則有鏽也鉛錫則有屑與皮也惟鋁金不受消磨不含毒質飲食之器鍍鋁一層則積久收藏毫無流弊醒醲肥膩入口如新西人食器羹匙

大小輕重無不鍍者並有人推廣此意以鍍槍子礮彈能令傷人入肉之後不致潰爛成瘡取出鉛丸長合如故其運售中國之馬口鐵皮亦皆鍍鉛故鐵鏽甚稀也雖贋作鍍銀亦藉以售其欺詐而養人利物實有莫大之功蓋純土之精作甘以濟世於五金而外別擅全能不可不知取用者也至西人之所稱非金類爲中國所知者如磺也硝也砒也雄黃也硃砂也石膏也石灰也硼砂也石鍾乳也此外中國不知其名而確有大用者尚數十品皆雜於各礦之中華人視若泥沙一律棄擲西人熟精格致審其質辨其性嘗其味察其形化而分之提而煉之取而裁之配而合之或用以入藥延年

卻病卓著奇功或製爲滋培植物長養動物之良方遂能改變肥磽增添種類每覓一新物得一新法必求其有利於物有益於人上養天地之和下彌陰陽之憾所謂朽腐化爲神奇者也雖未知與古聖王仰觀俯察裁成輔相之心同異若何大小若何而盡屏虛無歸諸實用較諸釋氏末流之弊致印度全國之人念佛談空積貧積弱甘以身飼毒蛇猛獸而不辭者其智愚賢不肖何如也西藏徧地金礦土番佞佛齋僧昏然悍然不肯開采今又將爲印度續矣可勝歎哉

鍊石陶甎說

西人所著有鍊石編卽今塞門德土是已旅順船塢於海壖築一隄用塞門德土建造費至百餘萬金福建之船政局湖北之鐵政局南北洋各省製造諸局凡房屋高大求其任重而持久者非鐵房卽塞門德土也此土初至中國每桶値二三金今漲至六七金而未已夫鐵房梁柱細巧堅實非絕大機器不能爲華人出重資以購之猶可言也若塞門德土乃輭韌泥土和以石灰鐵洛匀拌而成歷六萬里之舟車運來中國彼此高下其手皆獲大利一隄一屋之費動報銷數萬數十萬金而猶日久因循不知變計他日水陸各礮臺工藝

各局廠中國將陸續添設將使泰西無用之泥土皆化成有用之金錢恐不待臺局告成而中國之官民已困矣然則礮臺局廠遂可不設乎不可也國家不能不設防民間不能不買貨設臺局以固疆圉製貨物其錢猶在中國也然則塞門德土遂能不用乎不能也此土較花剛石堅密過之寬廣隨心天衣無縫以築隄岸入水而愈堅以修礮臺受彈而不裂如山矻立如鐵鑄成蓋天下之至堅而至久者莫過於斯也然則奈何曰自造之自用之而已矣西人之至中國者知大利所在相率慫我謂此土惟泰西所獨而中國無之繼又謂開平煤礦之旁產有此土惜其不多他處皆未見也黠哉西

人愚哉華人彼妄言之而我乃妄聽之矣鍊石編謂此土爲海底細泥性輭而韌滄桑變易浮而上升每土三成入以石灰七成鐵渣一成拌之極匀磨之極細風吹日炙不易乾也入水而雜質化分未久卽乾結如石煌煌六卷精要祇此數言餘皆作法耳夫此海底輭韌之泥謂泰西有之而中國獨無其誰信之東海揚塵水變爲陸泰西之與中國同也區區此土天何靳於中國而獨厚於泰西可不問而知其僞矣德人甫入中華思奪英法之利而工程作法向推比國爲最精宜延比德二國熟精此事之人於中國沿海沿江攷察此土何地有土卽設立鍊石之廠購集物料用最新之法摶製而

成無論公私各項工程先以自造之塞門德土爲之不足始購之於外國仍派人入廠學習廣設分廠以給其求此爲泰西至麤之工至賤之物而奪我至大之利操我至要之權允宜即日仿行不可以須臾或緩者也西人造甎之法參以機器至簡至速一廠能兼十廠之事一人能作廿人之工資本無多效法最易惟外國所造皆係紅甎華人喜用青甎略參中法以水濟之亦非難事刻有德人在滬糾集公司自運新機來華試辦他日工商各業百廢具興闤闠雲連急須營建舊日燒甎之法工費而價必昂日本近在東瀛牟利之心無孔不入萬一摶泥運甓奪我利權或東西兩洋各運新機以

入中國就地取土開廠造瓻以我之矛陷我之盾此後中國物物皆資於外事事仰給於人雖傾東海以爲錢鑄泰山以爲幣有皇皇然日憂其不給者當茲萬國大通時局一變不籌一因應咸宜之法而刻舟膠柱困我中原聖賢宜民利用之心固如是乎

取土製磁說

印度以西諸國稱中國曰支那支那者磁器之謂也蓋織絲成帛陶土為磁盈天下萬國未有先於中國者有明之中葉高麗國王李氏恭順中朝憫其貧窘賜以景鎮磁工百二十人國王安置於松山取土造磁亦稱精美倭帥平秀吉入犯平壤全虜以歸於是日本之磁業大興而高麗之磁工竟絕此項製磁工人有播越而至呂宋者西班牙人得其指授遂傳之於泰西英法繼興精工殊絕製磁之土西人名之曰高嶺土歐洲各國有之堅好不如中國其瑩潔略同惟亞美利駕南北二洲皆無此土其理有不可解者故美國磁器入口

歲值三千萬金其精者購之於歐洲粗者購之於日本中國磁器之佳美者亦貴重無倫美國總統宴我使臣所用杯盤二百餘品皆各國佳磁而華磁尤夥謂中國乃磁器祖國惜雨過天青之色業已失傳他國仿之亦無佳者知彼國攷求之不遺餘力矣美公使之駐北京者出萬金購一康熙御窰之大魚缸以獻其國君雖精采殊常而邊闌已損其不惜重價如此嘗謂磁器之美者必須日久太平朝野豐富人肯出價工匠乃精益求精故中國之磁以嘉慶道光兩朝爲最美自洊經兵燹工人星散亂後雖經復業而老者已死少者失傳又無人提撥經營出貲襄助年復一年有日趨陋劣已耳

英法諸國機器盛行其製磁仿自中朝仍非手工不辦惟舂土飾土漂土之法參以機器工省而事精其調黝和色琢磨繪畫之功亦精研化學以故勻圓周正百倍鮮明蓋製黝之方即彼國燒造玻璃之所本也西人刻意講求其效如此而中國因循簡陋無意求工每歲出洋之磁雖值一百餘萬大抵綵畫麤笨物賤價低無關輕重而英法磁器精好銷流海疆日本仿造西磁物多價廉且浸淫以入我內地利權日失物產日窳國運之所由日衰風俗人情之所由日媮也而有倘可挽回者各國製磁之土實遜中朝故色雖白而無光熱過度而必裂失手墮地則虛空粉碎無一瓦全華磁不論精

粗皆無此弊苟得人提倡多集資本參以新法運以精心工匠失傳則求之於外國物料未細則碾之以機輪務協今古之宜而極中西之美則利源雖竭尚可重開耳夫以區區一坯之土而美洲全境無之歐洲日本有之而仍不如中國較其開闢之遲早知中國神靈首出化機鼓盪醞釀深醕斷非海外小邦所能久奪權利而惜乎迂拘錮蔽自窒生機天賦雖優而人事終多未善也蓋一言製磁而他業之類於磁者何限他事之類於製磁者又何限海內有心人所爲拊膺而歎矣西人稟性畏寒衣服不分冬夏每交朔令則四面圍爐然爐座煙通殊欠觀美近出新意外護磁屏陶器之用日以

增廣中國苟能細意熨帖開拓利源自立公司行銷海外則以我無窮之泥土易彼無算之金錢天下安有更便於是者必執不言多寡不言有無之說恐川流海溢上下困窮雖有聖賢亦苦治生之無路矣刻江西奏准仿辦西磁然定力精思仍在得人而理況中國製磁之高嶺土無省無之必須廣探礦苗派人至鎮學習工藝自製磁器卽不能盡奪西人之利而已可稍遏洋貨之流西國化學家攷此土爲火造化所成近於熱變石貴重與礦金相等故沿邊沿海泥沙斥鹵之中斷無此土惟腹地諸省峻嶽名巒靈氣鬱蟠必能鍾孕是又在中邦人士講求物產隨地留心闡發幽光肇興美利以

保我聖域神區億萬年之富庶者也此事應歸工藝因土質
珍貴西人列之礦金故以殿礦書之末

續富國策卷三

工書

勸工强國說

今之因循守舊者深閉固拒動稱聖人誠不解聖人之對哀公其勸百工一章何以列於九經之內也子夏曰百工居肆以成其事君子學以致其道子曰工欲善其事必先利其器君子之居是邦也事其大夫之賢者友其士之仁者孟子曰大匠不爲拙工改廢繩墨羿不爲拙射變其彀率聖賢立言諄諄以百工與士大夫相提並論知古人藝進乎道志凝於神學者進德修業之心與工師制器尙象之意功分體用義判精麤本末稍殊源流則一此治國平天下之實功故曰勸百工則財用足也司馬孫子兵法亦恆以節制與械用並舉

誥誡而丁甯之荀卿子之言兵曰械用不精是以卒予敵也古聖王治軍治國其視百工之重如此故古器流傳今日精堅渾樸度越人寰度所謂月省月試旣稟稱事所爲激揚而鼓舞之者必有躬親目驗之方而旣稟所須略如俸糈而決不如今日之夷諸賤隸雖臧獲亦得而訶責之也老子曰形而上者謂之道形而下者謂之器莊子揚波助燄遽欲裂冠毀冕剖斗折衡蓋因周末文勝之餘激爲此說秦倡君權以愚黔首焚書坑儒而外銷鋒鑄鐻化作金人畏天下作爲堅甲利兵以與之敵也度其時百工亦歸禁錮故陳涉等皆徒手執梃並起而亡秦天下之無工可知矣漢興復師黃老以

清淨爲廢弛西京賦所豔稱工用高曾之規矩夫工藝之事與學術同不進則退不良則楛斷無中立度周禮冬官一册大學格致一篇亦亡於秦漢之時經傳語焉不詳有其理無其法而天下工師陋劣器用朽窳遷延頹廢以至於今遂將俯首降心終爲外人所制推原禍本則工政之不修工藝之失傳工匠之不能自給實階之厲也泰西諸國百年以前亦與中國等耳自法國王泰理曼剏立一例徧國中有能創一新法得一新理制一新器實有益於國計民生者准其進呈攷驗得實則給以文據獎以金牌准其專利若千年不許他人仿效於是蔀屋窮簷之士日思夜作心摹手追倚此爲致

富之媒成名之券一時才賢輩出法國之工藝遂冠歐洲英美德奧諸國慕而效之法王拏波侖第一以梟桀之資倚其士卒選練器械精良遂以勝德挫俄縱橫一世各國知其不敵故於勸工一事盡力整頓而歐洲之工藝驟興其時德國有銅工克虜伯者戰後因事至法見沙場伏尸纍纍百萬皆德人也旋拾一舊法之火繩槍泣然曰法人槍械精利無敵而我以此等窳鈍之器敵之哀哉血肉之軀輕試彈雨槍林之慘死者有知應亦同聲稱屈矣奮然詣法投效於礮廠主人主人喜其敏慧引以見拏波侖拏波侖深加禮遇命與廠主另出新意製一後門入子之槍百計精思迄不能就而拏

波侖自俄敗還後爲英所禽流錮於三厄那海島矣法國內亂浩然而歸感於轉蓬豁然大悟屢作屢毀十載始成於是入以後膛十子連珠疊發管內加來福之綫遠度多至兩倍擊力增至八分獻之德君德君狂喜禮之爲上賓錫以寶星予以文憑榮以子爵撥給巨帑招工廣製命推此意以造礮益摧山裂石所向無復堅城蓄銳十年以與法戰德軍百萬皆用此槍法人國破王禽賠費至華銀十五萬萬兩一蹶幾於不振雖師武臣力而取威定霸勝敗存亡之券則操之於區區一銅工嗚呼偉矣今中國人士迂論高談動欲以弓矢刀矛爲制勝殺敵之具獨不思此時後膛來福礮重至十數

萬觔擊力能至三四十里以外目力尚未及見而我軍百萬尸山血海已化蟲沙排槍遠擊三里連發不已彈珠如雨死者如麻短箭長矛如何抵敵持此論者以他人性命遂我意氣忝我談鋒其不仁亦甚矣莫妙於執持其人使之挾矢操刀驅當前敵則死而無怨免致貽害他人此實哀詞非快論也西人自有給憑專利之制非止兵械精工而百廢具興遂以富甲寰瀛方行海外於是輪舟輪車電燈電報種種新法生焉雖古法無傳然舉通國之人才力聰明之所萃或無心闇合或與古爲新鬼斧神工不可思議而其原皆自給憑專利一法開之所謂重賞之下必有勇夫耳今通商諸國無一

國無此例每年呈獻新法給予文憑者每國以三四千人計窮思極巧未艾方興而中國獨掩聰塞明自安簡陋即槍礮輪機電綫之類不能不用亦購之於泰西安步徐行坐受外人之盤剝天下之財力幾何恐雖周孔持籌管商握算亦斷無倖全之理矣然轉移而補救之固亦匪難也無他勸工而已矣勸工之法奈何仿各國給憑專利而已矣禍重於邱山福成於反掌天下之大豈曰無人一富一貧一强一弱一興一廢一存一亡而皆以勸工一言爲旋乾轉坤之樞紐當國者於此宜何去而何從焉

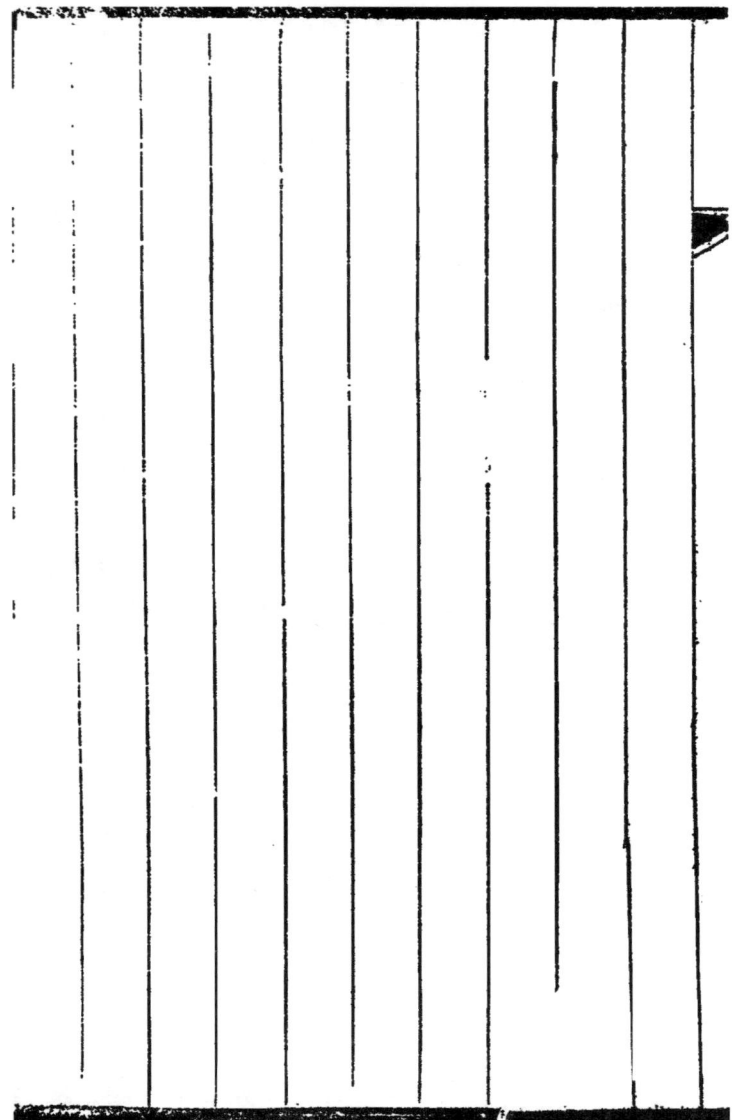

藝成於學說

中國之工藝何以不如泰西也曰學不學之分耳中國之購機器開製造者有年矣何以終不若泰西也亦學不學之分耳泰西之學何所仿哉仿於近百年來剏行新法之人剏法之人又何所仿哉仿於五六强國喜新尚異爭名逐利之心然而天下之人不以爲非且孜孜然慕而效之者何哉以其有益於國也有益於民也效之者有大益不效之者卽有大損也蓋藝也而進乎道矣故曰天也一舟也行止聽乎風一車也遲速憑之馬五千年來未之有改耳有華忒者緣茗壺之氣衝蓋有聲始悟熱之有力推之以擊石推之以運煤推

之以起重而火輪新法實始萌芽父作之子述之不憚十反以求其利弊而輪舟之製遂成獻之英君錫以世爵然僅一小輪信船藉以遠通音問也既而設學以教之立廠以造之而數十丈之巨舟數千匹之馬力海天萬里絕跡飛行繼之以快艦巡船雷艇鐵甲每一時行二百里而輪舟之用始神然而水道雖通陸路仍虞梗阻也復有人推廣此意刱造輪車嵌以鋼條墊以木板車行其上神速無倫每一時行三百里於是水陸聯接視萬里如戶庭幾幾乎縮地之神方補天之穩鑰矣復悟金鐵相摩生電之法機輪磨盪陰電陽電生生不已如環之無端而電報作焉其始也迅寄一音僅以妨

輪車之撞擊耳至今日而電綫三匝環遶全球鐵箭沈浸於海中銅竿森立於地上環地球十萬里通信不逾一時推之於照夜之燈則卓立雲霄光明如皎月推之於傳音之器則懸隔山海聲息猶比鄰疑鬼疑神胡天胡帝而推原本始則皆由煮壺熱力之一事開之由是以火蒸水以水化氣以氣行輪以輪生電馳至天下萬事萬物皆入於機皆出於機物之細也入毫芒力之大也摧山嶽上關國計下益民生四海風行五洲響應此豈泰西之智士所能爲乎然則孰爲之天爲之也天假手於西人以成茲地球一統萬國會同之法物也環球十萬里大小數百國非輪舟鐵路何以捷往來非電

綫德律風何以通文報或卉衣木食或穴處巢居或飲血茹毛或窪尊土鼓將使冠裳棟宇大啟文明非以一人作十人百人之工何以給生民之日用也今各國呈奇效瑞萃我中華而中國二千年來工師失傳已久因循簡陋不思變通轉使海外小邦以器物之精良出而傲我習遠而忘近騖虛而失實得精而遺粗皆不學之過也天將以器歸中國而以道行泰西同軌同文開萬國同倫之大化所謂凡有血氣莫不尊親者此其時矣取彼良工同我郅治昭以文物獲其王侯孰重孰輕爲得爲失何去何從必有能辨之者

算學天學說

古之人七歲學書數非書何以記言非數何以記事秦漢以後工師失職書學靡雜而數學散亡至有學貫天人而不辨馬牛之多寡者雖周髀九章之屬遺文佚簡流傳至今而賸義單詞闕然不備漢朝太初大統之歷窺天步日亦有專家世之人以其義蘊精深望洋興歎才秀者不欲學而疇人子弟未必皆穎特之人襲謬承訛寖多差失元初乃參用回回之歷太史令郭守敬以中法範圍之有明中葉以還西洋人利瑪竇等挾儀器東來精於推測歲差日食不爽毫芒朝議紛紜迄未施用我朝

列聖窺天鑑地乃不分畛域采而行之至今欽天監正仍用
西洋新法稍有歧誤應時改定無復差謬我
聖祖仁皇帝學貫天人
御製歷象考成數理精蘊諸書綜括中西權量今古周詳該
備海內嚮風遂有王錫闡梅文鼎戴震李善蘭諸君絕學經
師後先輝映亦已極一時之盛矣然而智者自智愚者自愚
二千年來上下相承覩此爲一家之學謂歷數深微莫殫莫
究除頒朔授時而外於民生國計無關也而不知天下萬事
萬物何一不根於數歷算推步特數學之一隅耳自泰西各
國通商所有各色新器各種新理靈奇變化疑於鬼神撰厥

本來又何一不出於數所謂範圍天地而不過曲成萬物而
不遺者惟數學足以當之而中國學塾之中既無傳習窮鄉
僻壤有畢生未見算書者或有老師宿儒鄙九數九章爲經
商貿易之事至於句股開方三角八線幾何代數之理則尤
瞠目結舌詫爲奇文既已不能解之則詆爲無用斥爲玩物
喪志投諸水火已耳甚矣數學之失傳而聖人之大用晦矣
今天下深通歷算之士竭畢生之心力博通中外而總括古
今析理雖精不能致用皤皤白首精氣銷亡其上者尚能閉
戶著書或授徒自給禮敬不周於里巷姓名不上於
朝廷以極深之功極苦之力極難之事而其成也終歸於無

用而已何怪天下才俊之人灰心而短氣哉夫數學者初學之功而非耄學之事也爲衆學之體又必兼通衆學以施諸用也故西人布算專求簡便不欲用心於無用之地以耗其神明近日天文家既知地動迎日之說以推恆星日月五星各有行度卽各有伏留交會之時萬古疑團一時盡破由是合之於人事驗之於地產徵之於物理眞知實測各新學由此而生古聖璣衡功效乃大著於天下而各國官私學塾習書之外必兼習數自有至淺至近之圖樣至簡至易之法門俾垂髫舞象之年皆知天地萬物之公理持籌握筭布算無訛然後就其資性之所近者各授一學如天文地輿化學重

學光學之類俾之致用以成其材夫書者所以通天下之理也體也數者所以周天下之事也用也而皆宜習之於童稚之年而不宜畀之於既冠成人之後也今中國之學有體而無用何怪泰西各國出其精堅巧捷之器炫我以不識傲我以不能動輒以巨礮堅船虛聲恫喝識總署同文館及外間武備方言各館自有泰西蒙學課程誠宜繙譯華文由中國通才詳加考定必詳必明使童蒙俱解然後著爲令甲下之各省學政須諸學宮無論經館蒙師各給一本歲科二試文藝之外必試算學一條否者不取則不及三載天下風行海澨山陬咸通理數然後推之於鄉試會試必於文武工商各

學之中專適一學兼綜中外洞悉本原而復以給憑專利之
章激發其志氣期以十年中國人才不飈舉雲興突過泰西
各國者吾不信也苟見卵而求時夜見彈而求鴞炙不揣其
本而齊其本不原其始而要其終恐再閱百年仍如今日東
西洋五六强國將逞其利兵精艦羈堅勒附易路蹊田而奪
牛矣嗚呼可不懼哉

化學重學說

天下自有化學而萬物之效用於人者其功力始至廣而至神有動物化學焉凡人身五官百體臟腑筋骸之用非氣不生非血不成非燐不行非腦不靈非電不神所由兩地參天配三才而立極下至走獸飛禽游鱗潛介蜎蠉蠕動之屬含生負氣具有知覺或竟無知覺而僅能運動者皆審其性考其生別其氣究其理定其名博識參稽致諸實用始知無用有用朽腐化爲神奇所謂動物化學者源流醫學導生人性命之源以咸臻壽考者也有植物化學焉天下之百草百木百果百蔬百穀百花百藥以至水萍苔蘚寄生菌耳之類凡

地面之所有者皆辨其種類剖其質體審其性味表其功能知其何以生何以長何以養何以蕃其效用於人者孰短孰長孰鉅孰細孰利孰害孰宜孰不宜温帶寒帶熱帶之殊方在水在山在陸之異地所謂植物化學者綜於醫學農學切生人日用飲食起居之事爲古昔山虞澤虞之所掌者也有地產化學焉凡水火之功用雨露雷電冰霜霧霰之所由來地中所蘊沙石煤土金銀銅鐵錫鉛鏐汞鉍銻鋁鎳鉀鈣硫黃石膏石灰硼砂砒霜雄黃硃砂雲母鍾乳金類非金類各質以及金剛鑽石碧犀翠玉白玉水晶瑪瑙紅藍白綠紫黑各色寶石無不識其礦析其質化其氣別其物究其形殊其

稱異其用所謂物產化學者兼切於醫學農學工學商學實則中國上古廿人之學而益加精備者也蓋自有化學而天地萬物乃無遺性無逸味無隱情無遁形矣然而致用於人者其得失仍參半也何以言之水所以載舟亦所以覆舟火所以燔物亦所以爇物不有以權衡而節制之利未見而害已成矣況今日鐵路輪舟電綫火器之彀力摧山嶽而重擬邱陵非惟人力斷不能勝卽龍象馬牛亦艱轉運於是乎有重學焉有靜重學有動重學卽以水之靜重言之壓水之鐵櫃起重至百萬觔浮海之鐵船載重至二萬噸以水之動重言之推水碓風磨之意借瀑以運機輪廣柳條龍尾之車引

泉以登樓閣至於蒸水作汽卽以氣運機細極於鐘表刀針大至於橋梁礮壘或以借力或以傳力或以壓力或以托力或以漲力或以縮力或以牽引之力或以磨擦之力必使所出之力與所需之力所施之力與所受之力輕重咸相等而後堅固持久永無傾欹缺折傷人失事之虞此重學所以可貴也泰西工藝之精根之於化學及其成也裁之於重學其銖銖而校寸寸而度出門合轍不爽毫釐推行而盡利也又要之於算學中國不明理數非惟製造無其法卽經理亦無其人乃商局輪船通行卅載管輪駕駛仍用洋人西學源流並無秘密得人指授何有神奇豈華人學之而不能哉亦能

之而不學耳故一言工藝而歎西國之因事設學以教民而
養民者其意美其法良深合於古聖王勸工之大典也

光學電學說

光學興而天下無難顯之情電學興而天下有難通之理泰西之學閒原於數而成藝於工其弊也常泥於實惟實也始可以救老氏之虛靜釋氏之空無補談心說性之偏成愛物仁民之用自有光學而天下萬物之大莫能載小莫能破者舉無所遁其形神而虛者皆實矣自有電學而天下萬事之目不能見耳不能聞者別有難名之造化而實者皆虛矣此天之所以爲天也聖之所以爲聖也大哉孔子中庸一書其前知之矣請言光學西人之光學出於玻璃而玻璃之始作也出於磁器之黝黝之質卽玻璃之質耳西人旣造玻璃遂

明折光之理而作近視老花之眼鏡因其光之凹凸而殊萬歷時隨鼻煙以入中國此西法之最古者今已無人不用矣嗣又明同光之理而造遠鏡作焉即今千里鏡是也遠鏡之大者二丈有餘遂可窺見月中之火山火星之雲氣土星之光環火星金星各有一月木星四月土星八月諸星距日之遠近質體之大小輕重不同故各成軌道同繞日輪自亦自有軌道七十餘年而行一度是生歲差西人以遠鏡窺之確知其所以然之故而後千秋疑竇一旦豁然乃至山高海深懸隔百十里之遥宛如覿面而天學光學重學之事成矣嗣闡凸鏡折光之理而作顯微鏡其至精者視原物大至五千倍

塵埃野馬大若車輪遂能察水中血中之微蟲人身臟腑筋絡之細管天下動植飛潛之物五行百產之精離婁象罔所不能窮者而盡人能見之始知萬物始生皆起於至微之質點無論何物皆此微點攢簇而成而醫學礦學化學之用顯矣復闡凹鏡折光之理而作照相鏡於是天地有形有質之物近而人身遠而星斗大而山嶽細而微塵數百十星之遙鳥獸蟲魚草木人物之類均可攝入一紙眞情實境不爽毫芒近更以電學參之鏡藏袖中攝影揣形不逾一瞬納須彌於芥子雕棘刺以獮猴而地學及植物動物各學之全體具矣蓋自有光學而天地有形之物無論高庳遠近短長大小

瞭如指掌遂以補生人目力之窮種種奇器巧思權輿於是此工學之根原所以範圍天下之實物也西人之入中國者見磁石引針悟同類有相感之理又在澳門因琥珀拾芥知電氣之所由生嗣以醋與硫磺化合而生溼電二物相擊金鐵相摩而生乾電有陰電有陽電二電各有其極電氣之所到萬物不能阻之五金之屬引電尤速惟磁器玻璃絲棉可以隔電於是就金鐵引電磁器隔電之意而電報生焉所用皆溼電故電綫用銅絲或鐵絲託綫之瓶必以磁罐而此感彼應萬里如比鄰矣因陰電陽電各有其極之意而電燈作焉所用皆乾電蒸水化汽以運機輪銅片鐵片兩相磨盪機

輪轉動之速率每分鐘時九百周使所生之陰陽二電欲卽
而離閒不容髮而因熱生光一燈抵萬燭矣復以耳之能聽
因氣感內膜凹凸而成故聲之入耳自有遲速乃作德律風
留聲器英美隔海相距三萬里聽樂人之曲調抑揚抗墜猶
在一堂留聲器則其音閉置數十年開管聆之如親謦欬近
更以電放魚雷矣以電行火車矣以電運機器矣西人謂各
學之成均有涯涘惟電之效用於人今甫得億萬萬分之一
而能力之廣大已不可名言夫凡人託體於地受命於天取
精於日日之光熱性與電同是一是二莫能分辨以電與日
之相關者言之發電報時如天氣晴明則環地球一周不逾

暑刻或値陰雨閒有遲延知日光之能助電力也天文家詳攷日體十二年必有黑斑其冬必大雪次歲必大熟而各電學師所藏收電蓄電之器溼電必霉爛乾電必散亡知電力之專倚日光也以指南針考之所指南方終差一綫若近二極則盤針不定不能再辨方隅知南北二極卽電極也赤道渾圓地球繞日而轉每日自轉一度而電氣隨之若電過盤針其針亦累時不定知電亦有東西二極也因思地球繞日卽爲日中之電力所攝而行月繞地球衆行星繞日均爲電力所持而地與衆行星又各自有電力以相抵制故億萬星辰自成軌道永無參差凌犯之虞一人之身體中之電力必

與外電之輕重多寡相等起居行動始得自由稍有偏枯即成病憊推之萬物亦莫不然比來歐美各國老師宿儒皆歸宗於電學出各學最精之器罄各家獨得之奇立學堂開學會刊學報專考電與天地人物相關之理思以盧牟六合陶鑄萬倫俾覆載生成永無遺憾與三古聖人參贊位育之道遙遙曠世息息相通蓋亦西人鍊氣歸神由博返約之一候矣他日千力萬氣求而得之始恍然於中國聖人固已先我而知之先我而言之也萬國來同萬靈歸命君師合一此其時矣夫光學者工師之所由入聖而超凡也電學者工藝之所以登峯而造極也而揆厥源流皆出於中國斷斷然曰此

西法也此西人也屏之棄之惟恐不速而獨於眼鏡鼻煙最古之西法轉心然喜之淡焉忘之以二物相衡則眼鏡有用者也鼻煙無用而有用者也西法之有用者何限而深惡痛絕若將浼焉與古聖賢之則天象地察邇言而師萬物者其度量之相越豈不遠哉天將通之人欲塞之天將合之人乃離之天將福之人自禍之天將益之人或損之知新法之導源於古知西法之歸極於中當亦可以廢然返矣

攻金之工說

鄉曲細人見泰西之機器纖者入毫髮大者若邱山絚鐵成梁任重及千萬觔以上揉銅作綫通電至百萬里而遥鋼甲爲牆金船渡海百噸巨礮地裂山崩十仞高樓花雕月鏤入纖布紡紗各廠則九天之上九地之下神工鬼斧變動靈奇幾疑偃師幻人別有換日偷天之秘術矣效其法而不能求其故而不得則概以奇技淫巧譏之斥之而不知此皆古人所謂攻金之工耳其用力少而見功多者借水火二氣之力耳夫奇淫之辨辨之於物之有益無益與用心之仁與不仁而已矣西人驗之天文徵諸地學因地面隕星皆爲鐵質試

測日輪光熱與鎔化之錳鐵相同大地渾圓實日中爆出之分體地心奇熱所然燒者皆鐵精也謂生人日用所需他日皆將用鐵而鐵之質性可鎔爲象可鑄爲刃可抽爲絲可軋爲片淬水則剛退火則柔入藥爲補血之方製礮即傷人之具其用至廣而至神此攻鐵之工一也白金出產至少而化學必需電燈廣行金絲尤貴黃金性柔而質韌不爲養氣侵蝕堅貞耐久宜於鑄錢然鍊絲可抽千萬丈之長製器可歷千百年之久錘之成箔每厚一寸可薄至百萬分之一分萬國通商是爲奇寶此攻金之工二也銀不受蝕與黃金同惟質性過柔必參之以銅始能鎔鍊萬歷間美國墨西哥始開

銀礦多如恆河沙數取之不窮舉世之紋銀遂賤故於鑄錢之外兼以製器盤匜尊簋厚薄隨心他日用之將與銅等此攻銀之工三也自黃帝采銅首山鑄爲錢幣蚩尤五兵之製易石而銅迄今五千餘年刀改而錢不改通商日久笨重不靈製器則養氣所侵易生銅綠內含毒性日久傷人故歐西雖亦鑄錢僅行本國若製飲食諸器必以錫或鋁金鍍之使潔白如銀以免綠氣化分之害或以製麤重之物與鐵同功中國之人知其利而未知其弊於鑄錢鑄器二事皆須參用他金始能子母相權變通盡利未可拘泥古制自窒生機此攻銅之工四也至西人化學家所攷求之金類非金類兩種

名目繁多金類惟鋁汞錫鉛爲用最廣非金類則硫磺石英石灰石膏砒霜之類或鎔造玻璃或範成偶像或鍊爲堅石或製作刀圭各有專門均收大利切於民用爲數綦多西人謂金石二宗是二實一因金孕於石石必含金未可截然分界也此攻雜金之工五也西人攻金剛鑽石爲最古煤層之堅木所成燒而化之均爲炭質中含五色瑩淨光明其堅爲天下第一故磨琢最難工費最巨而獲利亦最豐各國均設有專工立有巨廠大者以爲寶飾價值連城小者可劃玻璃可鑽甕玉可磨作顯微鏡因其折光力大且無暈差耳此物中國西南各省均有之因識者無人棄同瓦礫苟有專[illegible]

製大利何可限量此攻鑽石之工六也白玉翠玉碧霞玭瑪瑙水晶及五色寶石之類產於和闐西藏川滇各省循崑崙之四面皆有之中國雖有玉工然地學不精蒐采未廣人工所製磨琢仍麤大谷深山古多封禁地不愛寶人顧私之滇南寶井一區復不察而畀諸異國他日光輝積久風氣大開寶氣神光騰天照海中國究心工作大利乃在掌中矣此攻寶石之工七也歐西古時埃及羅馬等國多以花剛石製成梁柱所刻字跡如古時蟲鳥之文至今三四千年尚有巍然獨存者知太古良工傳於中國也以作橋梁牆壁街道等用縝密堅牢又有所稱合予石者入水益堅歷年久遠至於礪

石硯石泥石沙石雲石紋石桃花石大理石磨石碑石像石浮石之屬亦復因宜施用各有專工鐵路旣通便於轉運出我土石易彼金銀使百萬流民均有恆業下全民命上合天心此攻石之工八也以上八端發凡起例此外之可以致求物產開闢利源益民生而裨國計者殆難悉數自後儒兢兢以言利爲戒閟塞耳目付之不見不聞夫財利之有無實係斯人之生命雖有神聖不能徒手而救餓夫惟人競利則爭爭則亂義也者所以劑天下之平也非旣有義焉而天下遂可以無利也其別公私而已矣利而私之於一身則小人之無忌憚矣利而公之於天下則君子之中庸矣此上天賞罰

之權斯世斯民生死之關而人禽之界也吾慮天下之口不言利者其好利有甚於人也且別有因利之方而舉世所不及覺也若然則禍淫降殃之訓正爲斯人矣藉曰不然亦楊朱爲我之心佛氏舍身之說鄉黨自好者之所爲而決不足以語於古聖人修己親親仁民愛物之大道也古聖人蓋日日言利以公諸天下之人而決不避言利之名使天下有一夫稍失其利也世無孔子存其說以俟後之聖人

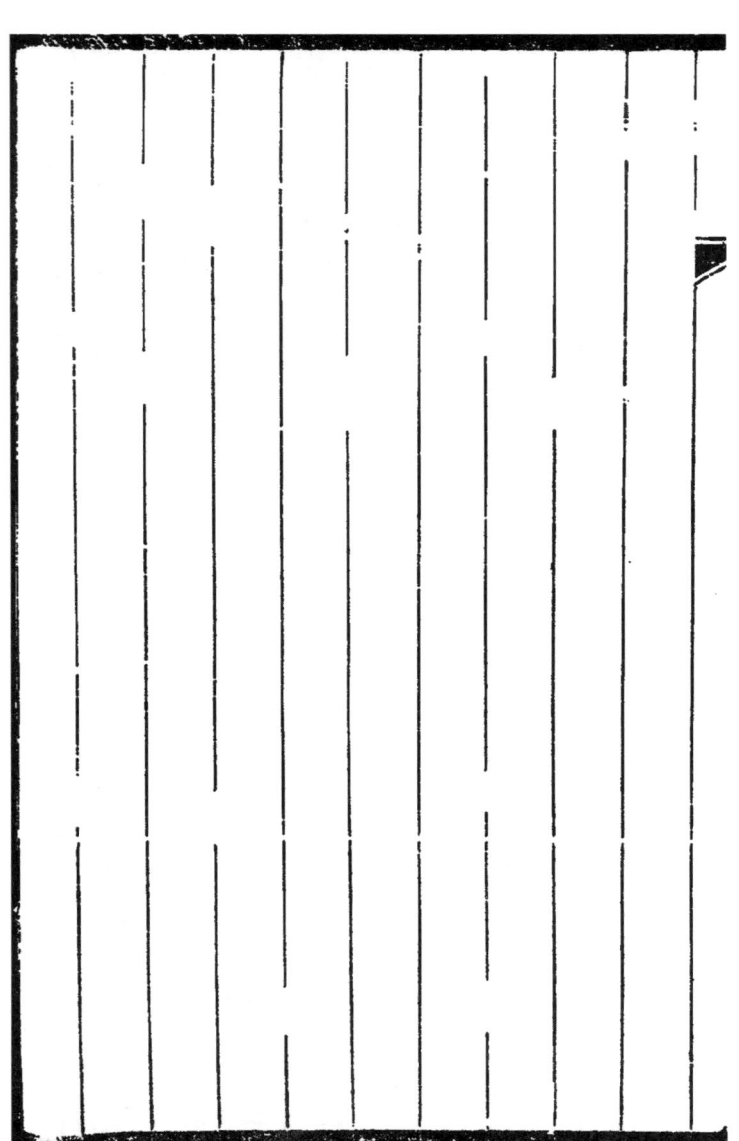

攻木之工說

自軒轅氏鑒飛蓬以作車刳木爲舟剡木爲楫而舟車之利遂徧天下天下於是有攻木之工大者爲棟梁小者爲欄楯几席以聽政棺槨以飾終生人日用之資皆於木乎是賴孟子曰梓匠輪輿能與人規矩不能使人巧如世所傳之木牛能運木鳶能飛棘刺獼猴雲端棼榛亦幾幾人巧極而天工錯矣而其巧之百出而不窮百思而不到百變而不離其宗者則莫妙於輪西人竊我緒餘而益加精巧至於今日水則輪舟也陸則輪車也大而槍礮小而刀針巨而室廬細而鐘表以至有形有名之物生光生力之原磨電引電之器無一

不出於輪機故謂西人工藝之精其源必出於中國者此也特西人刻意攷求進而益上一器一名一物必深究其長短精粗利弊之所由然所乘馬車精堅巧捷隱與三禮圖所繪古人車制相同轂有曲衡不損轍路而今中國北方所乘皆屬衣車古婦人女子之車也南方單輪之車古謂之手車亦曰人力車與輿轎踰嶺皆蠻夷中道路崎嶇所用決非三古遺規近日西人刱行輪車一車可牽三十車每車六輪容三十人日行二千餘里規模宏敞捷速如神彼此相衡瞠乎其後此車制之應變通者一也自虞政不修堅木日少船制笨重脆弱不任風濤洋船尖利如梭力能破浪中國仍用方頭

之式運掉不靈逆流則倚風帆順水則憑篙櫓稍有觸撞立付波臣而西人大小輪舟江河絡繹製以楢木運以汽機堅固靈通瞬息千里較其巧拙何啻天淵此舟制之應變通者二也中國房屋大半架木而成偶有火災延燒動以千百戶計西人作室磚石為多粱柱棟桴皆藏壁內舍宇不相聯接火政又復修明雖值吳回不為大患中國橋粱因石工過鉅皆以木為之未及數年已多斲朽西人或鐵或石動支數百餘年偶造木橋亦必購集巨材權量重力使車馬之馳驅無損舟檣之來往如常緜歷多年屹然如故此室屋橋粱之應變通者三也木之堅者必重而其輕者必脆此理之常也有

不任燥而鏁裂者有不任溼而霉爛者何木何器何器何宜稱物而施事乃適用西人講求植物學於木身之堅脆木體之輕重木性之燥溼木理之疏密木質之剛柔產於何方宜於何物皆有一定不移之理然後施以斤斧轉以機輪長短方圓自成規矩故堅緻而渾樸不能散敗不事華靡華人雕琢雖工而精堅遠遜工師不明其理因仍廠陋坐聽外人奪我利權此日用各器之應變通者四也羅馬者泰西之名國也其地今屬意大利有火山二時時噴發礦精鐵汁煙霧瀰漫比於相距十里之地掘獲湮沒之古城人物宛然歷歷可數房屋器用街衢道路率與今日華制相同街中石路一條

亦有單輪車轍英國某山巖人跡不到有古船一艘狀如中國之船約歷千年毫未傷損知泰西古制取法中華近百年來精益求精變通盡利而中國自秦漢以後不復留意考工以致械用苦窳盡亡古意耳夫道不變者也器屢變者也世人不察動泥不變之道以概屢變之器囂囂然曰何必西法我自有堯舜禹湯文武周公孔子之道也試問今之所用者何一爲堯舜禹湯文武周公孔子之器乎是以賢智之士權衡利害而校量重輕與其因器以妨道不若存道而參用其器

織作之工說

嘗見西人紡紗繅絲織布之機而歎觀止矣天工人巧至此而窮世以奇技淫巧目之者皆與於不仁之甚者也天下必有此機而九州萬國之無衣者始得免號寒之慘也噫仁矣當世惑於老莊之說動曰有機事者必有機心自黃帝垂裳大啓文明之治蠶桑麻紵何一不出於織機使天下而無機至今日猶草衣卉服耳惟中國之機運於人而西國之機動於氣以水火之力代手足之勞出我之有餘補人之不足彼此交易而利生焉此人之情也亦天之理也歐西織機剏於英國咯與輪舟鐵路同時英人秘之不傳他國擅入織廠與

私授他人者均有厲禁而英人遂獨擅利權蓋英吉利區區三島地耳其始也以煤鐵富其繼也以洋藥富其終也以洋布洋紗富而黃金布地利冠全球矣惟本國棉花不敷織造初購之於印度續購之於美洲卒也購之於中國美國之巧匠暗竊其法參以新意亦爲紡織新機其工巧與英等嗣而法效之矣德效之矣俄日奧意比瑞均效之矣英人知秘之無可秘也乃推之以繅絲推之以織綢織緞推之以織呢推之以織羢織羽毛織氈織毯織各色細布花布苧布麻布蕉布葛布半絲半棉之布半麻半氈之布故其利不減而且日增四海風行執萬商之牛耳惟運腳極賤定價極廉冀中國

日本朝鮮越緬諸邦不能仿效又專用印度美洲之木棉絲長色白謂必此花乃能受織機之力華棉色黃絲短不能為布不可成紗以為如此則利分於歐洲猶可坐收亞洲之大利也日本自購織機初亦購棉於美國運費過貴取値過昂行銷不暢其時上海亦購織機開布局彼此以中國之棉花試紡試織機力不合更改再三所成之紗布乃一律精美其光勻細密雖遜洋產而溫暖厚重過之於是中國自紡自織自用自銷而日本之布亦暢行於沿海各省人工既賤運腳無多定價與彼同而獲利至二三分以上視西國五釐之息幾判天淵彼乃恐華工之勤華棉之美欲自運機器至香港

紡織行銷而先廣購中國棉花運歸本國此亦中國商務一大轉機矣惟近日日本商約中有改造土貨之説若不急行設法維持保護自闢利源正恐收利於桑榆者又將失利於東隅拒虎進狼依然故我豈計之得者哉中國之大豈無明哲利之所在人所必趨如南方之纖絲織綢北方之織呢織毯織氊織毯織麻布苧布葛布各業亦應一律振興借彼汽機成吾文錦不惟行銷本國並可販運外洋此水穀之真源富强之上策而衣被天下覆幬蒼生其功德亦永無涯量矣若夫衣襦冠履中西服色不同未必能裁製精工恰合遠人之用然西人製造各物皆考求體察投我之所好而來日本

自開埠通商講求工藝皆能精置西物以廉價售與西人我亦何妨反其道而行之迎其機而導之以隱收其利蓋中國人工值廉費省與西人同製一物我之成本必賤彼之成本必昂此中國商務大興之根本也況今日裁縫機器沿海盛行運以手工巧捷無比一日能作五日之事一人能任五人之工均可采而行之以免費時曠日直東草帽邊一業爲西人夏日戴用之需每歲出洋合銀四百餘萬天津煙臺兩口全恃此物稍抵洋貨之來源夫物至於草賤矣以草編之爲帽其工亦至麤矣徒以行銷外洋西人喜用遂能歲入巨萬爲北方土貨出口之大宗天下之草何限天下之物類於草

帽邊者又何限有志之士當奮然興矣比聞區區微物亦復作僞亂眞致招西人訴病日本起而承其後近年草帽出洋之數已與中國略同滄海横流人心不古貪利忘害自窒利源不有清公精敏之才主持商務以整齊而教導之則他日之深患隱憂正渺然未知何底矣

飲食之工說

約載西人食用之物照例免稅奇矣天下之貨安有出於食與用之外者初以爲西人之所食所用華人決不需之耳又安知今日之華人專取西人之所嗜者而亦嗜之哉請先言飲食之品一曰洋酒中國之釀酒也以粱秫黍西之釀酒也以蘋果葡萄其酒有香冰紅酒巴蘭地巴得酕皮酒各名目華人初疑之繼而試之終乃甘之大餐酒館徧於通商各埠綜計入口之酒歲不下千萬金因西國酒稅過昂其價之貴無與爲比而華人不顧也此洋酒之應自釀者一也一曰洋糖西人向用蔗糖近乃製以蘿蔔購中國蔗糖惡其不淨以

機提鍊重運來華潔白晶瑩轉奪華糖之利然參入蘿蔔味
甘而淡矣何如種蔗購機力求精潔以自闢利源此洋糖之
應自鍊者二也一曰牛乳美國精製牛乳盛以鐵盒不使通
風時歷一年途經萬里華人喜用入口甚多德奧諸國效之
獲利不可計算何地無牛何牛無乳自牧自收如法裝盒價
廉物美即可杜彼來源此牛乳之應自備者三也一曰菸卷
菸葉之種出於南洋比來四海風行無人不嗜因內含鹼性
足以滌穢清神也西人初以呂宋煙卷入華近則紙煙銷行
更廣鼻煙售入中國歲亦三百萬金總計之何翅千萬豈洋
產之果勝於華哉彼收菸葉埋之地下三年始出製造銷售

彼陳而我新故覺彼優而此劣耳此荔卷造者四也
一日鮮果歐美兩洲之果種類無多其鮮美遠遜於華產西人采摘封以鐵瓶遠道運售非時可得華人嗜食銷數日增荷仿其道而行之則華果之甘鮮必風行於萬國近惟廣東荔枝間有仿造其他則未聞也此鮮果之應自貯者五也一曰乾鮓西人嗜食野味鳥如竹雞鷓鴣之屬獸如山羊鹿肉之屬鱗介如鰍魚龍蝦之屬每飯不忘封以鐵瓶貽之遠道近日海疆市肆亦復甘之如飴中國百產蕃昌隨所好而投之何施不可此乾鮓之應自蓄者六也一日餅餌西人餅餌製造精潔貯以鐵盒或玻璃之瓶華人嗜之尤勝於彼友朋

投贈視若珍奇腹地通行銷售尤廣何妨自用機器碾麪製糖收彼洋瓶敵以廉價此餅餌之應自製者七也加非一種中國所無質如紅茶而味微苦含鹼較茶尤重必入以白糖牛乳始覺和平然茶性較寒而加非性暖久服能增氣力長精神西人嗜之與茶相等華人嗜者又過於西人再閱數十年恐於洋藥而外又多一無窮之罅漏此物播種田中每歲一穫中國土性適與相宜法奧兩國種之遂爲出口大宗之貨物此加非之應自種者八也而中國飲食之品可以行銷外洋者除茶荈一物外他無所聞猶復采焙不精捐稅日重西商抑勒歲歲受虧向值五千萬金者今通各省計之止值

一千餘萬我之出口者如此人之入口者如彼凡此八節統其大者言之以外尚難枚舉綜計每歲入口之數不下數千萬金載入約章概經免稅每年海關總册不列貨價不入稅單以爲西商之所需而不知皆華人之所嗜也每歲入口出口以貨抵貨明短數千萬金此項之暗銷中國者又數千萬金歲以貨價衡之已虧至一萬萬金以外而國家之借磅還磅購船購礮者不與焉嗟我中邦不窮何待既不能閉關絕市拒彼族以不來又不能酷罰嚴刑禁吾民之不用雖聖賢處此除自造自用自收利權之外亦將束手浩歎而無可如何萬不能忍與終古坐待死亡諉之於國運天心謂可告無

罪於天下後世也噫難矣

器用之工說

自天清地黃文明肇啟智慧日闢嗜欲日多而凡民之需用者日繁矣天地萬物之賾五行百產之精其芸芸焉臻臻焉總總焉待用於人者亦遂日以廣矣先王於此有開其源之法焉如卝人虞人之所掌是也有節其流之法焉如山林澤梁之禁尊卑等威之辨天澤冠履之章是也二者相權遂以承承不倣而所以成物而制用者則莫亟於工中國通商以來六十年矣西人嘗謂中國出口者皆係生貨生貨者材料土產是也卽以絲茶糖論之絲則須重繅茶則須加焙糖則須改製其他無論矣西洋進口者皆係熟貨熟貨者貨物是

也皆經工作所成佳美精良便於行用不止紗布鐘表諸大宗而已凡日用所需各物皆投吾所好避吾所惡或取攜最便或製造最精或價値最廉或外觀最美必使華人不能不用而後已中國出口之生貨皆以籍計以石計以包計以百觔千觔萬觔計取値至賤獲利至微盈舟溢屋捆載而去西人入口之貨則以件計以疋計以瓶計以盒計以尺寸銖兩數目多寡計一物之値貴至萬千一船之載總計至億兆金錢而未已以賤敵貴以粗敵精以巧敵拙能乎不能此時能絕市閉關如前日乎曰不能內地通商耳熒目炫能禁民之不用洋貨乎曰不能然則柰何曰勸工而已矣用物之名盈

千鼎萬略舉數事以概其餘一曰玻璃明之綠松爲玻璃之濫觴今日精益求精遂成絕詣其堅者如鐵石擲玻璃之盞墮地無聲其大者若邱山人玻璃之房游魚可數中國人人喜用行銷已徧於寰區粵東仿之精粗迥別而不知郎製磁之勳所推而變者耳誠宜自行設廠精製出售收回利權何翅千萬此玻璃之工一也二曰油蠟俄美煤油廣行中國歲亦千餘萬金近則參入魚油製成洋蠟價廉物美光潔晶瑩取我之利又數百萬華人即不用蠟亦皆用油逐歲增多有盈無絀鹽之爲物每人日食一錢而積少成多遂爲國家歲入之巨款者因天下無人不用耳以此例之可爲深慮誠宜

廣采煤油購機製蠟工廉費省必能永杜來源此油蠟之工二也三曰自來火民非水火不生活古人鑽燧取火隨四季而轉移後人火石腰鐮取其便耳西人配製燐礦蘸以松木隨時隨地一觸即燃每盒數文便孰便於此者日本初學西法先造此物販售中邦竟奪西人之利通國有自來火廠數十家每歲獲利數百萬養男女窮民數十萬人今上海亦設廠數家然所蘸礦燐仍須購之外國雖經仿造利息綦微不知礦出土中燐藏骨內盈山徧壑豈少松林徒以化學不精致使利權久踞何如自行配製以收大利而養貧民此自來火之工三也四曰鐘表鐘表爲中國貴人達官所用每歲入

口三千萬金美國製以銅鐵鍍以鋁金鐘之賤者一元表亦二三元而止雖物窳易敗然無賴者趨之此外寒暑風雨地平諸表名目綦多銷行益廣此物仿造固非易易然堂堂上國乃以不能不用者長仰給於外人乎況今日鐘表皆製以機輪規矩準繩較然可覩自應派人分赴各國學習製造以濟要需此鐘表之工四也五曰胰皂西人考物含鹼性惟水草爲最多故以腐草之汁入以製蠟之油稍加香藥製成洋皂染以顏色香豔無倫萬匣千箱銷售各省中國舊日之胰皂幾無過而問者所謂朽腐化爲神奇也惟質性燥烈皴剝皮膚北省風高尤非所便中國皂角之樹外國所無刮垢磨

光別饒潤澤宜參以水草之汁皁莢之脂如法製成氣香色豔必可行銷中外自闢利源牙粉爲花剛石碎磨而成比來洋製日精入口益夥亦宜購機設廠自製自售此胰皁之工五也六曰刀針物至於刀針亦微甚矣德國製之尤稱精美蘇人有奚姓者貧人也有德商喜其樸誠與立約爲針販針至中國由彼分銷未及五年積貲六七十萬知此人龍斷之豐即知此物銷行之廣矣至各種洋刀鐵器洋傘之類悉數難終入口販售皆無釐稅涓涓不塞遂成江河皆宜設法造銷以前民用此刀針之工六也七曰磁漆中國爲磁器祖國華磁應銷外洋乃上下因循不求精進轉使英法日本之磁

器運入海疆席地設肆纍纍者皆外國磁也亂後西南各省漆樹戕伐無存漆價大貴英法於印度越南緬甸而日本則於國中歲歲添栽漆樹采製有法精美殊常埋藏地中三載用之不燥不皴不裂生人需用二物實爲大宗不自製之自種之此後之漏巵未知所底矣此磁漆之工七也八曰藥餌西人殫求醫學所製藥水藥散之類或敷或服皆註明治驗用藥少而取效神近日各國大藥房風行內地而中國藥肆亦竊取其藥改用中國丸散名目分運行銷此項藥餌入口之時西人謂之化學材料照約免稅歲計亦不下千萬金誠宜精究西醫講求化學自行製運免以仁民之術行其罔利

之謀至香水花露之屬蒸取百花之精華人喜之風行海内彼國之花有香者少中國地居温帶無花不香誠仿蒸中國之花以行之外國則利源之巨何可勝言此藥餌之工八也此八者皆在洋藥洋布各大宗之外與西人飲食之品概免稅釐每歲入口所銷多至不可計算苟能略徵入口半稅所入何止千萬金故謂稅司之忠於中國者謬也各口情形不同其類於此者何限甚至戲衣玩具畢用他人西綠洋紅皆成巨款箋紙籤筒之文具石印鉛字之汽機面粉口脂藤牀鋼榻種種洋物觸目皆然中國雖强安得不弱中國雖富安得不貧天下有心人所爲蒿目而憂攘腕而起也

軍械之工說

泰西機器之興以軍械爲最後而中國之仿而效之又以軍械爲最先其優劣難易之相懸也倜乎遠矣蓋自英人華忒借水火二力剏製新機用以運煤用以擊石用以起重用以駛船用以造軌行車用以煉鐵製器而各種化學重學光學熱學電學天學地學植物動物諸學相緣而並起攷求體察逾近逾精迨新式槍礮魚雷鐵艦之興則物料充盈一呼可集汽機神捷一擊而成聚千百廠之名材製千萬噸之利器故自同治初元有南北花旗之戰而後有鐵艦魚雷同治八年有普法之戰而後有後膛來福槍礮而近日英國阿模士

莊廠仍主前膛譏克虜伯之後膛礮身太短不能及遠上年中倭之役北洋短礮過多我之彈未及人人之彈先及我其利鈍可見矣兵船之制英人專主鐵甲德國專主快船快則不能過堅堅則不能過快其大較也上年大東溝之戰中國有鐵艦日本多快船彼船來往如飛我船轉折太鈍幸船身堅固尚能御敵還師然而不能勝也故西人近議鐵艦如心爲提督座船主三軍之進退必須堅定不搖無鐵艦是無心也烏乎可快船如手足所以捍衛心膂制服敵人勝則追而敗則殿無快船是無手足也又烏乎可中倭之戰日本幸而不敗者以中國快船太少耳故定一軍之制鐵艦一而足矣

多則二艦而快船必須八號或十號始能勝敵始可自全又因中國鐵艦礮彈已空經倭船環攻二時竟無大損而威海夜泊之際魚雷一發而定遠遂沈自餘廣甲廣乙諸船均以一雷轟碎因廣製水雷船以爲鐵艦快船之輔又廣製滅水雷船以保鐵艦捉魚雷增馬力添速率每鐘可行三十海里合華里一百廿里而翛雲天馬行駛如風矣故經一次戰事則廣一番異聞變一種新法而中國福建船政局所用者法國之舊法也江南製造局所用者英國之舊法也北洋船隝海軍機器各局所用者英德兩國之舊法也如法配鑲絕無新得每用一物一料皆須購自外洋西匠未必賢能華工不

求精進見聞孤陋材料不全欲整頓而無方欲攷求而無地
不明各學之理不知各器之源安得不永落他人之後哉湖
北槍廠爲比利時最新之式上海製造局所製快利槍亦稱
利用即可廣籌經費多募工匠專造此兩種之槍天下軍營
統歸一律免致槍彈不合再蹈前日覆車至如鐵艦快船電
燈雷艇中國斷難遽造仍須購自外洋舊日局廠之工大可
無須再製蓋西人於軍械一事亦復得魚忘筌見月忘指每
變一新法則舊法棄若弁髦也中國於西人工藝製造諸事
百無一能乃欲成西國最難之工希西人最精之詣是猶行
遠而不自邇登高而不自卑也多見其不知量矣十五年前

德相畢思馬克之言曰華人之至德者必詢何式之礮最堅也何項之槍礮最精利也日本不然專攻化重光電諸學及工藝商務之本原回國之後皆自能製造夫軍械之變日出不窮未及十年已成棄物否亦敝朽不堪復用中國其衰矣日本之興其未艾乎於中倭勝敗之原十載以前洞若觀火雖非聖者亦明矣哉雖然天下之大局理勢而已矣中國孱弱如斯無勢何以言理海軍陸軍者所以振國威而張國勢也精槍利礮鐵艦快船又海陸二軍之性命而制勝克敵之根原也公法偶有戰事局外義無偏助購之不可則自造之當日左李諸公刱興船礮各局亦不可謂非思深而慮遠矣

所病者中西學術本末迥殊工藝源流高深難罄遂以中人下駟敵彼驊騮重以議論難調度支屢絀未能選上等英奇之質竊西師製造之源一片苦心付之流水矣然械用之成敗利鈍亦非試驗不明海軍之船德主快而英主堅相持十年迄無定論至中倭戰後乃悉堅之與快相倚而成亦相因爲用而水雷魚雷之猛烈無煙火藥之精良電燈之照夜逾明長礮之及遠有準歐美各國既已確知其故將各竭其心思才力以變通盡利舍舊而圖新中國當此之時誠宜借鑒前車力圖後效揀派清忠正直熟習化學製造之員游歷各國博訪良法訂購新船仍選學生之熟悉西文而通古今識

大體者分赴各大學堂分門學習暇則游歷各廠攷證見聞
博訪西國著名工師籍而記之期以五年學成歸國然後就
鐵政已成之局聘泰西上等之工分設船廠礮廠魚雷電燈
各廠大興製造中西合力精益求精漢陽居天下之中有事
時無虞侵掠每開一廠必設一學堂選天下聰穎諸生中西
並教各廠各學特派大臣總理日省月試歲課其成有能自
出新意成一新法者旌賞給憑加以獎擢以此爲海陸諸軍
之根本製造各器之會歸刻計十年或當有濟即未必爭雄
各國亦可聊固吾圉矣否則有七年之病而不求三年之艾
或因噎而廢食或畏難而苟安日月逝矣時不我與往者不

諫來者可追夫謂華人之智不若西人猶之可也謂華人之
明不如日本豈理也哉曷亦返其本矣

製機之工說

洋貨之來也皆以機製而後能奪我利權則我之仿造洋貨也亦必以機製而後能收回利權若製以手工決不能精美不能捷速不能整齊欲持此以與機器爭利是猶驅跛者躄者竭蹶奔赴與駿馬爭先其不絕臏折足也幾希矣惟物物皆須機製而中國獨不能製機生利收利之機關轉懸於他人之手雖歐美兩洲各國均能製造雖欲自私自秘而不能然偶有損傷則修理無人也偶有殘缺則添配無人也即獲利豐盈欲加推廣又必函達外國先期製造舟車七萬里運載來華速則半年遠須帀歲此一半年之利固已爲他人所

有矣況貿易贏絀朝暮不同萬一遲之又久機器雖來而情形已變向之必能獲利者今已無利可圖則亦不得不四顧躊躇別思變計毫釐千里移步換形是中國不能製機中國之工商即承不能力爭先著也西國大小機器大抵以銅鑲配以鐵製成各廠製一新機則銅皮鐵皮有作也銅板鐵板有作也銅絲鐵絲有作也銅柱鐵柱有作也銅座鐵座有作也螺絲釘有作也鍋鑪有作也大如梁棟細如針芒之物無不有作也尺寸衡量咄嗟可集何處價賤何處物精長短重輕一無差失而其本廠亦物料充牣堆疊如山鉅細何宜精麤何適既無廢物亦無棄材一錢不致虛糜一物不教短缺

中國各局廠既不能鍊礦製物一材一料皆須購自外洋來貨有稽延需用有緩急於是盈箱累捆費千金萬金以購之而零星分散以用之稍有不足則又急急增添必使充溢有餘而後已此項銅鐵之材料均畏潮溼西人所謂養氣者也一爲養氣所蝕則銅生綠鐵生鏽收貯既已不愼防衞又無其方霉爛銷亡終成烏有向也費千金萬金以購之收其用者不能及半製物之價安得不什佰倍蓰於外洋此其故由於中國本無製機之廠而機之不能自製又由於中國本無製料之機則一針一縷皆須仰給外人故一言製機之機而中西工藝之相懸直不可以道里計也漢陽之鐵政局其知

之矣自開礦自運煤自鍊鐵自製物料自闢利源可謂知其本矣然而經費不敷采辦則煤鐵無來源各省製造所用仍專購於外洋則材料無去路所成之鐵料不就中國所急需之物鑛造配合製成機器則商民上下無銷塲雖費多金終無大用遷延日久朽壞隨之可奈何雖然無難也今上海之製造局已能自製繅絲機器矣祥生發昌諸鐵廠已能自製輪舟輪車機器及各種軋花縫衣造紙印字之小機器矣亦多有華人雇西人購機器自設螺絲銅皮鐵皮諸作矣耳目漸熟風氣漸開仿效漸易近年德國比國之工師入中國謀生者漸衆其識礦鍊鋼製機之技與英法略同而工價較廉

性情願合志願不奢作苦服勞事有終始誠能由國家提款以鐵政局爲根本而於其旁附設各小廠專製各種物料造各種汽機延德比諸國上等之工師分投經理長於何事即製何機徧告海內工商需用機器者均至局中購買所定價值務較外洋便宜十分之二發給護照沿途關卡一律蠲免稅釐並用西例派人隨往各地裝配齊全偶有損傷代爲修理中國自開煤鐵自造機器自行保險自收運脚雖復減價售賣亦當必有贏餘即使僅够開銷祇敷成本而製機配料爲中國開闢利源之關鍵振興工藝之權輿國家亦何惜數百萬金以成此利國利民之盛舉哉況此數百萬金者旋製

旋售旋收旋放開礦運煤鍊鐵製機諸工作爲天地養無算
窮民爲閭閻廣無窮生業爲國家增無量稅課即爲薄海內
外塞無限漏巵似創實因似難實易有利無害日起有功求
己不求人無用化有用在一轉移間而已矣

治道之工說

泰西農學之興也始於種樹開渠而工商各業之興也始於治道日本仿效西法亦以修道路設巡捕爲百爲萬事之始基其言曰用人行政非財不成財用所需必出於稅稅出於商商非道路坦平百貨不能通達故修道者殖財之本也即國家制用之原也吏役之弊日本當日亦染華風國家欲下一恩詔舉一事發一言興一利除一弊國君主之下於政府政府下於疆吏疆吏下於監司監司下於牧令牧令下於吏役一入吏役之手則無論何等良法美意無不借以爲厲民生事婪私索賄之端其利萬不能成其害可立而待是君民

上下隔絕之故以吏役一節爲銅關鐵紐雖五丁神力亙古難開然而官之耳目在是焉手足在是焉不能去也非去吏役而以巡捕代之是上之澤終無由下逮於民民之情亦終無由自達於上也日本雖小國然於亞洲積弊及所以變法之原亦可謂肺腑通明洞見癥結矣其強且富也豈倖也哉今中國內外各省之道路茀不可行京師首善之區而街道之蕪穢崎嶇遂爲天下之最霪雨十日路絕行人疾疫熏蒸死者無算各省會府廳州縣亦莫不皆然至於郊野川涂益加顚險覆車折軸雪沒水淹盜賊縱橫行人裹足尤晝見晝聞之事官不過問民不敢言天下病之四夷騰笑不知內外

品官數溢二萬有何要政日昃不遑坐聽商民之困苦顛連而熟視居然無覩也則虞政之不修而巡捕之不設焉故也泰西百年以前亦略如今日之中國自法國以種樹開渠治道各設專官各國仿之街衢道路一律精整而農工商三業興也勃焉是不啻以道路一端爲萬國富强之根本也西人治道亦有專工法國郊原初多土路患泥潦之沒脛沒轍也改用石路然偶有破損修改綦難橫亙區中轉爲行旅之害且以花剛石或科子石（即鵝卵石）砌築街衢入夜則車走雷聲驚人清夢乃改用碎石築路以麤石擊碎大小如胡桃日炙風吹歷一二載則石質益堅取之墊路其厚盈尺鋪以細土壓

以重機中高旁低狀如覆瓦偶有霪雨滂沱四隤途路中間不能蓄水碎石之性復能含吸水泉故旱不揚塵而潦不留溼兩旁各有明溝下有暗溝雖大雨時行而行人往來乾潔如故中爲鐵道其外爲車馬奔馳之道又其外爲商旅步行之道道側則分行對植嘉樹美木清蔭宜人午日炎天不知伏暑復有灑水拾穢之車時時汛埽飛塵惡氣滌蕩無遺巡捕植立道旁預防水火盜賊爭競鬭毆不測不虞之事清明嚴整遂至於斯此豈海外小邦所能爲乎詩曰周道如砥其直如矢君子所履小人所視書曰無偏無黨王道蕩蕩無黨無偏王道平平無反無側王道正直然後知彼人之新法實

中古之遺規而決不可惜費憚勞使聖神過化之名區險阻嶇嶔崘如化外也此項修路之費無須另行籌措皆取之房屋捐及往來車輛之捐各處分設工務局以總其事而敲石墊道之役則專以輕罪之犯及無業之貧民任之雖至愚極賤之人亦能日得百文或數十文以餬其口若稍有智慧得選充巡捕或灑埽之夫則父母妻孥寬然俯仰河潤所被及於親鄰故泰西各國無一乞人有乞人則拘以作工此項道路之工雖乞人亦優爲之也中國水旱偏災流亡載道飢發賑施粥亦視若圈牢之養物苟延性命於一時何如任以能任之工以成此能成之事乎如一旦幡然變計先之以京省

而漸及於城鎭鄉村𨛫之以街衢而推廣於郊原道路如法墊以碎石經費取之民捐置捕梭巡設官經理則無窮盜賊皆化良民百萬孤窮徒饒生路然後鋪以鐵路駛以火車使地中之礦金地上之物產皆得流通轉運販鬻外洋則中國富强可立而待古人遠矣古籍不可詳矣道路溝渠決闢治忽山林川澤自有官司讀同文同軌之章不能不睪然高望於虞夏商周之盛世也

工藝養民說

今之論者輒謂泰西各國土曠人稀故以機器代人力中國人稠地狹民間技藝尚倚手工若以機器爲之必奪貧民生業又謂西人以機器製物既速且多行銷中國中國亦以機製物何地可銷物賤價廉終歸無利此井蛙夏蟲之見淵魚叢爵之心而貧中國弱中國之大罪人也持此論者多士大夫彼愚魯之工人有何知識以致通商六十載坐聽西人盤剝把持工藝不興利源不闢民生日蹙國計日虛驅他日之中國傭奴於洋人驅今日之貧民俛而就飢凍死亡之地皆此種之謬論讕言階之厲也竊嘗仰體上天好生之心古聖

賢親親仁民愛物之意留中國將來之人種保
朝廷未失之利權不可以不辨英吉利區區三島地耳大不
及中國一省戶口三千五百萬有奇英京倫敦戶口四百廿
五萬有奇通商流寓他國他埠者均不在內每方里有居民
百廿八通國地畝每畝值華銀二百兩以上法國之大如中
國省半戶口四千萬有奇比利時之大如中國二府居民二
千六百萬有奇果人稀乎抑地曠乎彼國機器初興其手工
之人亦欲竭手足之勞與之爭利心盡氣絕無可爲生乃改
而入廠工作其始也月得工資三四元或五六元耳入廠以
後技藝之高者月得數十元數百元即至愚極鈍者亦可得

七八元或十數元向以數十數百人作工者加至數千數萬人而未止驪之姬艾封人之子也晉國之始得之也涕泣霑襟及其與王同匡牀食芻豢而後悔其泣也以此例之果失業乎抑不失業乎中國每年入口及免稅之貨併計不下一萬五千萬金皆西人機器之所成而華人之所用也我而購機自造卽僅銷中國其利已不可勝窮況中國工價既廉費用又省所成器物價必倍賤於外洋我之貨而精於彼也彼將喜而購之我貨之精與彼等也彼亦必貪其價廉而購之上海機器所繅之絲與法國里昂同價貨物未出銀款先來專派人駐上海購之惟恐不得天下之貨物患我之不能製

造耳患我所製之不合人用不速不精耳我不能禁吾民之用洋貨彼獨能禁其民之用華貨乎以是言之果有銷路乎抑無銷路乎若而人者深惡洋人遂兼惡洋貨惡其以機器奪吾利遂並機器而惡之自以爲中國之干城也而不知倒行逆施實暗保洋貨之來源暗絕華民之生路不啻爲泰西各國之人傅翼而使飛揚湯而使沸也噫傎矣然往者不可諫來者猶可追中國之地大矣其物博矣無業之民多矣苟一旦翻然變計豁然大悟以現在繅絲煉鋼紡紗織布諸局廠爲之根凡華洋所需各物一律購機自製或銷本國或運外洋有業者改圖無業者有業西國各鎮埠工作大廠多至

百家或數十家每廠工作萬人或數千人少亦數百人使中國各行省工廠大開則千萬窮民立可飽食煖衣安室家而養妻子向日之手工餬口者亦各免艱難困苦憂凍啼飢咸得享豫大豐亨之福也天下之功德孰有如是之不可思議不可限量者乎蓋嘗上下古今而深思其故矣自黃帝以來聖作明述製器尚象百業俱興以前民而利用亦越於今蓋五千有餘歲矣五百年而名世生五千歲而大聖人出然後六洲合一萬國大通一手一足之勞甚足以濟四十萬萬衆生民之日用天乃假手西人以陰陽水火之功能發借力生光之妙理人之目所不能見者以機器見之人之耳所不能

聞者以機器聞之人之手所不能舉者以機器舉之人之足所不能及者以機器及之人之心思智慧千力萬氣所不能成者以機器成之所謂六合之外聖人存而不論六合之內聖人論而不議天地之大雖聖人亦有所不知不能者皆窮高極深因端竟委釐然井然皜皜然鑿鑿然稿知其所由然前聖人知其理而不明其數後聖人通其數而並觀其象然後人與天地並立爲三參贊位育之功至是而始毫無遺憾也彼西人者深思好學各明一義自附於老聃鄒子之倫萬靈風雨聚精會神合而成一大聖人之聖德神功以膺此上下五千年之景運者也故論聖之所以爲大也則博厚配地

高明配天悠久無疆雖罄竹帛以書之不能窮其萬一也而要其實則天道好生而已矣地道養民而已矣人道利用而已矣中國萬邦之首而今日生齒四萬萬爲開闢以來所未聞天下之窮民以十分之一計之已四千萬雖堯舜亦窮於施濟矣長此而不變則惟有水火瘟疫刀兵盜賊草薙而禽獮之慼亙古傷心之浩劫已耳而天不忍也而天乃皇皇然思所以救之也救之之道二曰居曰行非美澳三洲東南洋萬島曠古榛蕪使行者墾以爲田則萬實既成而萬民不死矣此啓尾閭以洩之之法也天下窮民謀食之路惟機器工作廠爲最豐亦惟機器工作廠爲最易使居者製以爲器則

外財可入而內患潛銷矣此開天庾以賑之之法也然而海不可渡也器不可成也天復藏以輸舟教以工作勤勤懇懇保抱提攜父母愛子之心亦無所不至矣今出洋謀生共知其益獨設廠工作一事相率非之是猶忤逆之見不解父母顧復生成之意而還其小慧私智攘臂以與之爭可乎不可乎人所決不能知者天知之人所決不能救者天救之而若人獨不肯救人哆口以與天敵能乎不能乎今日本已立約改造土貨矣我終不開人將開之人即不開天將命之萬不能聽此數千萬窮民潦倒飢寒而死也此天之心也亦天之道也知天之所以為天即知聖之所以為聖也

續富國策卷四

商書

修車火政說
商改稅則說
博物開會說
保險集資說
酌增領事說
多製兵船說
創開銀行說
通用金鎊說
暢行日報說
分建學堂說

擬立商部說

英吉利立國在蕞爾三島閒四面際海而鷹瞵虎視屢執牛耳於歐洲西併美利堅南兼印度東南括澳大利亞屬地之廣方二千萬里而遙挾其利礮堅船遂以縱橫四海者何哉商之力耳英之得美洲也以商會後因加稅激變華盛頓率商會以叛英相持八年竟自立爲國英之得美也以商美之拒英也亦以商今美之北境巴拏大猶然英土美雖自立然舉國皆英商也英之得印度也亦以商會初由商會派人代印度筦海關所謂公班衙者也印度土王兄弟爭國殘害英商商會舉團練之兵踞海關之餉三戰而入其阻覆其軍滅

國禽王摧枯拉朽而印度八百萬方里之地八千萬戶口之民俛首而託他人之宇下矣澳大利亞之地大與中國相若內皆沙漠惟沿海膏腴商會據之不費吹毛之力自餘緬甸各國非洲一洲南洋各島莫不發蒙振落席卷而囊括之商力之雄如此商會之能滅人國也又如此今日本繼興自命爲東方之英國西人謂赤道之下日光所照有熱水一條每日散流於南北黃道而朝潮夕汐生焉大西洋則英國當之英之北境距赤道五十三度與中國黑龍江等而天時溫暖四序如春多霧多雨多風國富民殷百物蕃庶者皆赤道之熱水爲之也太平洋之熱水經臺灣一偏不入渤海而入東

洋而日本三島當之其熱度亦勝於中國比年仿效西法農工商三業勃興遂乃割據臺灣憑陵上國多置輪船廣闢商途駸駸乎國未可量已夫鄰之厚我之薄也中國闢埠通商垂六十載既自以情形隔膜將利權所在舉而畀諸異國之人頻年海溢川流歲出金錢萬萬遂使廿一行省無一富商內外窮民之失業無依者尤如恆河之沙不可計算然西人懸隔重洋六七萬里在彼終有所不便在我亦猶可自全也日本則近在肘腋之閒急起而窺我心腹其心計之精刻與西人同其性格之陰柔與西人異西人之所能爲者彼優爲之西人之所不肯爲者彼亦決爲之始也財力未雄不及西

人之長袖善舞耳今一朝戰勝舉國霓然數萬萬之金錢取之如寄又得臺灣一島各國之所垂涎而目爲寶山金穴者助其商力盡我中邦更有行輪造貨之約章奪我之矛陷我之盾縱横内地盤踞利權譬人有痼疾元氣久傷復縱使外風流人筋絡敲骨吸髓亡魂喪精雖軀殼僅存豈有幸哉當此之際既不能慎之於始又不能拒之於外則惟有振興商務以與彼爭商之本在農農事興則百物蕃而利源可濬也商之源在礦礦務開則五金旺而財用可豐也商之體用在工工藝盛則萬貨殷闐而轉運流通可以周行四海也雖然中國之商力衰矣中國之商情涸矣中國之商業無人矣中

國官吏之薄待乎商商之不信其上而疾苦終無由上訴也亦已久矣今貿貿然曰整頓商務商人私心竊計曰是殆將魚肉我也皇皇然曰糾集公司商人目笑存之曰是固將誆騙我也陽陽然號於衆曰行駛輪舟廣設工廠商人始而驚繼而疑終而退然自阻曰我無資我無力且恐日後受累毋甯讓之外人也蓋商人習見官吏之袒媚洋商而摧折華商也非一朝一夕之故其所由來者漸矣縱使再三敦勉而有財者不能任事能任事者未必有財心志不齊意見不合互相猜忌互相排擠無識無才自私自利遲之又久應者寥寥遂有現任職官起而承其乏則又把持壟斷專利侵權雖便

一己之私圖轉絕衆商之生路噫中國之情形上下隔絕如此欲一旦而言保商務收利權是猶進臧獲之流釋囹圄之犯突與之分庭抗禮商摧朝章其不顛倒失措也幾何矣蓋官吏之積威有以刼之也泰西各國皆設商部另有商律專主護商豈好爲是紛紛然不憚煩哉蓋國用出於關稅關稅出於商人無商是無稅也無稅是無國也不立專官定專律則商情終抑而商務必不能興況中國積習相沿好持崇本抑末之說商之冤且不能白商之氣何以得揚即如控欠一端地方官以爲錢債細故置之不理已耳若再三瀆控且將管押而罰其金前此礦務諸公司虧朋捲逃有股諸人控官

不准而此後招股一事通國視爲畏途雖苦口婆心無人肯應者職此故耳商律之法良意美其他不必言即以控欠不追無罪受罰二事論之中國商人之屈抑何如乎國家釐金洋稅鹽課三宗歲入逾六千萬正供常額大半出於各商然則商之於國也國之於商也固已共戚同休迥非昔比矣不立商部何以保商不定商律何以護商不於各城各埠廣設商務局徧立商務學堂何以激揚鼓舞整齊教誨諸商假使無商何以有稅假使無稅何以濟用假使無用何以爲國燃眉之急切膚之災殆不得置之膜外矣刻總署議准各省設立商務局選舉商董求通下情然地方官吏大都一笑置之

即使實見施行亦惟以一紙官文奉行故事而於商人奚益也而於商務奚裨也蓋中國之官商相去懸絕不設專官以隸之不設專律以防之不定地方官吏之考成功罪以警之而欲恤商情振商務保商權是猶緣木求魚欲南轅而北其轍也其必不可得已

糾集公司說

商人之秘術二一曰占先二曰歸總所謂占先者一埠爲人未往我先往一貨爲人未運我先運一物爲人未售我先售前知億中合節同符獨爭天下之先不落他人之後此泰西諸國所兢兢然心摹手追而英人獨稱巨擘者也歸總者公司也總則制人散則制於人所謂長袖善舞多財善賈者二百年來英商之所以横行四海獨擅利權者也西班牙法蘭西德意志諸國亦嘗出全力以與之爭然而不能勝也公司一也而有行有不行有勝有不勝者無他爲公與不公而已矣甯失信於天下而決不能失信於同人甯受虧於一身而

決不能虧及於同事此英國商會之所以恢宏光大冠絕萬國之根原也中國道光以前通商止粵東一口茶葉之利已五千萬金而絲糖磁器各物不與焉西人伏處澳門一埠降心俯首帖帖然聽命於總商所謂十三行者是已厥後千金之隄潰於螘穴由是而五口而十三口設關建埠華商從散約解勢孤而力分而彼國之公司其約束堅明協以謀我者如故也中國之商既散而單與以後釐金關稅復節節而稽之銖銖而校之天下設官數千增司事巡丁數萬貪很猛虎礪齒磨牙皆敲商之骨而吸商之髓者也外國之商資本豐富而除入口一正稅一子口稅之外任意暢行三聯稅單充

斥內地偶有西商過埠則丁役圖護官吏趨迎郎驗郎行惟恐稍拂其意噫叢爵淵魚不自知其身之爲鸇爲獺已持平之道必使洋貨一律徵釐而後可如無能爲役則必中國盡撤釐金而後可然而皆不能也此後中國之商人豈尚有生機去路乎哉無已則掤設公司猶可維持補救於萬一也請言內地公司之利一物焉運而售之於外商之資本多者除運脚食用外尚有贏餘也資本少則獲利雖同或所得不償所費何如選立商董掤設公司則旣省川資以廉價而可收大利此益於商者也零星商販偷漏走私故丁役多而設卡密今合散爲總貨物多則無從繞越資本重則各顧身家大

可減卡裁丁與民休息而比較收數視昔逾豐此官之益也請言行銷外國公司之利今日絲茶二業受弊深矣多由小商跌價爭售以致巨商受害自有之貨不能定價轉聽命於外人每歲受虧動數百萬我分而彼合我散而彼整我貧而彼富我弱而彼强雖他日工作徧地物產塞途仍將低首下心默而聽他人之把持抑勒已耳誠能糾集資本凡土產礦金製造諸物各立公司由商人公舉明通公正之人主持其事則貧者驟富弱者驟强不惟自擅利權並可通行海國華人之智力豈竟不若西人哉然而難矣風氣未開積習未變各牟其利各懷其私夫公司者秉至公而司其事之謂也其

心其事皆與此義相背而馳我無以自信亦不求見信於人而欲天下人之信我焉得乎天下人之愛財一也其自私自利同也我取天下人之公財以供我一人之自私自利焉可乎當日礦務公司聚數百萬之金銀而以虧閉一言付之流水今日電報輪船商局每歲入貲數百萬股商僅收官息八釐公積則虛有其名餘利則不能過問人人知有二三分之息而僅得八釐是不啻取大衆之慳囊以飽一二人之私橐也此習不變此弊不除而欲糾股集資冀中國商務之能興公司之能立也雖艮馬生角黃河再清不可得矣卽習變矣弊除矣而不立商部譯商律開商局設商學將英美各國公

司章程擇要删繁通行刊布使商人傳誦揣摩以明其理官吏維持保護以攷其成歲刊徵信錄帳目單以昭示天下則猜嫌終不能泯壅蔽終不能除雖需之益殷而去之彌遠雖然君子之德風也小人之德草也所願天下有清公諒直之人或爲官而愛養商人或爲商而總持局務不營私不嗜利不欺人不欺天而惟懃懃焉以保全大局爲心硁硁然以富庶中邦爲務則一人善射百夫決拾轉移風會如響應聲然後出我最富之藏取彼至精之法合億萬人之財力收六十載之利權只須發沿海數省之菁英而已可以奔走諸洋縱橫一世矣憂貧患寡胡爲哉

攷察商途說

天下之耳聞者虛也而目見者實也中外各國之土產若何礦質若何工藝製造若何何者因何者創何者後何者先何路宜水何路宜陸道里之遠近山海之高深價值之低昂轉運之難易天時之寒暖地利之險夷人性之剛柔物產之豐歉應取何道而費可省應用何法而利可興應作何整頓經營而貿易可旺雖廣搜圖籍偏訪情形終不若身親閱歷其間然後灼見眞知絕無疑滯此泰西游歷之使所以不絕於中國之途也人智而我愚人明而我昧人通而我塞人密而我疏而驟欲收利權振商務是猶聾者瞽者跛且癃者與耳

目聰明手足矯捷之勇士並驅爭先甫經偃僂循牆而彼已先登拔幟矣論各國通行之法自應於設立商部而後遣廉明清正熟悉商務之員分赴各國考察中國何物可以行銷外洋外國何物中國可以自製稅則之制或重或輕何者可以保商並能富國轉運之法或水或陸何者可以收利並可恤民何方之貨物最多何國之措施最善然後薈萃諸法參合其間奏定章程通行天下君臣上下一心一力擴將來之商利塞當日之漏卮期以十年天下其有豸乎雖然中國之地大矣物博矣地上地下未開之利源南方北方未興之工藝千品萬彙詭狀異形禹不能名契不能記而泰西各國游

歷之使類能知之能言之成竹在胸無施不可而我獨闕耳塞目不見不聞欲詢之官吏而官吏催科折獄日昃考成安有餘暇以營此不急之務也欲責之商民而商民抱布貿絲日謀升斗安有餘力以費此無益之功也天下雖大人民雖衆攷察此事者曠無一人必須特設專官仿各國游歷人員之例寬籌經費假以歲時督過勸功深探博訪以日記徵其事實以圖說繪其情形以各種儀表詳其氣候證諸古籍以衷其是詢諸土人以求其眞參酌中外情形以幾其合然後何源可闢何利可興何路可通何法可用一切親聞親見鑿然可見諸施行然後勸以功名加以獎擢熟於何地者卽任

以何地之事就其所習用其所長耳目既專心志自一併力一向衆志成城而後商業可興商途可闢也闇於外情者輒疑商部既立商務局既開徒費薪糧一無事事而不知今日中國之大患在於不知人之情不知也已之情亦不能知人之地不知也已之地亦不及知人之物不知也已之物亦不欲知彼此不知乃生隔膜各私其意各私其財各私其力以致天下人人皆私事事皆私物物皆私終爲他人箝制鞭箠而後已此項攷察游歷之使卽商部商務局之爪牙化天下之大私成天下之大公而富中國强中國之神機妙用也天下一千五百州縣分而任之卽須一千餘人卽擇要經營亦

須多人始供驅策況出洋游歷者尤爲迫不容緩之要圖哉噫情勢遷變今昔不同地利人功不可限制泰西各國每舉一事必先派游歷之使攷察於數載十數載以前然後上下同心據以爲內治外交之資隨宜制變合節應弦不止商務一端而已而其所用者什九皆游歷之員以此爲敷奏以言明試以功之秘法即收十得五人才已不可勝窮天下事非熟悉情形者決不足以濟艱難而肩重遠也中國欲舉一事則上下束手浩歎於無才夫人才不從天降不從地湧大都由學問而出由閱歷而成不有以磨練而試驗之不可得也今天下之人半已知講求商務矣何如就此一事廣派賢員

以本國爲經出洋爲緯以本國爲源出洋爲流以本國爲體出洋爲用見聞可采經費無多統由商部大臣主持其事則寰瀛一室聲息可聞以闢商途以興地利以養人才外邦之虛實周知內地之町畦漸化一舉而五善備焉矣

說

欲放國之貧富以鐵路之多寡定之矣英美二國鐵路最多國最富商力最雄德法俄奧次之今中國之鐵路在天下各國爲最少中國之民生國計視天下各國爲最貧而中國北方數省舟楫不通之區又較天下各國爲最廣夫商務之要術轉運而已矣有鐵路則運道通而運費省無鐵路則運道塞而運費昂一通一塞之閒商業之興衰霄壤懸絕束手待斃自窒利源甚矣夫當日之阻撓鐵路如劉錫鴻者皆陰祖西人以錮我中國四萬萬商民之生路者也自去歲中倭一役咸敗利鈍較然可覩廿載迂拘之議論漸化浮雲

遂有商辦盧漢鐵路之議而惜也中國之商情已阻也中國之商力已衰也中國疲微之商人未必能集此多資和衷共濟以修此二千五百里之長道也時既迫不及待事須速底於成上無眞知灼見之明下無踔厲發揚之氣正恐盈廷聚訟築室道謀他日甫有規模已有緩不及事之慮矣夫鐵路一事在中國爲發軔之始在泰西各國則通行已久習見習聞其利弊之所存一比較而昭然若揭嘗合各國鐵路而綜計之而知國中之幹路官辦爲宜如財力不足或借款或由外商承辦均無損於國家之大計也英美多富商鐵路初興爭先剏造英路之成最速美路之綫最長什九商資無煩論

列法國由巴賽至北境之幹路長二千餘里初招商股應者無人荏苒三年復歸官辦德國之幹路初由商人承辦國家覺有不便出資購回俄國鐵路六萬餘里官路五萬餘里商路僅數千里耳自餘各國亦漸將幹路購回日本則幹路全歸官辦蓋大利所存理宜歸國且調兵運械應變無方商路究有不便也此各國閱歷而始知者中國剏行之始商辦難成何如將幹路各條一律官辦以免日後購回之多費周折也則官辦宜也泰西鐵路官息五釐西人折息本廉至五釐已爲贏利也而其旁之鎮埠商民大富百業俱興獲利之豐不可計算鐵路之利在全局不在一隅也其官息止於五釐

者則始也購地地畝之貴於中國也維倍繼也置料物料之貴於中國也維倍蓰也雇工工價之貴於中國也又維倍本巨費重故收息較微如織布紡紗在西人亦五釐之息耳中國仿之獲利至二三分以上其明驗矣聞滙豐所借百兆投籤購票者至十倍之多苟指鐵路以借洋款給以四釐之息立可湊成巨款以應急需南北併工刻期集事則借款宜也與國意國土國之幹路初由英美商人承辦定期二十載或三十載一律交回道路整齊物料如故商人既獲大利帖帖然無異詞也當彼承辦之時亦確守規條並無溢取稽查徵税與本國商同遇有大役大兵運價仍須減半外商[illegible][illegible]得

法綽有盈餘或查明各國承辦章程招商辦理則南北幹路計日可成美國商人最爲富實於鐵路一事計畫最精大可專任美人以成盛舉則由外商承辦亦無不宜也要之鐵路爲至急至要之圖而中國之修鐵路又爲至大至艱之事向日因循坐誤遷延蹇遏以至於今其發端愈遲其成功當愈速而其糾資集本乃愈難苟不專任重臣廣借鉅款以五年之內先將幹路造成然後縱令四海商人開辦枝路俾南北各省消息靈通以速戎機以興商利恐工徒在室寇敵在門我甫猜防人將攘奪矣然一旦勃然發憤鼓舞振興立商部以開利源設鐵路部以主持全局疏節闊目以任之細針密

縷以稽之人則參用華洋事則兼權利弊不撓衆議毋動浮言則鐵路卽無形之甲兵有形之壁壘可以固國本於苞桑磐石者也

徧駛輪舟說

天下之人鰓鰓然慮鐵路輪舟奪小民之生業者皆不知天者也夫火輪舟車電報三事天為之也天假手於西人以成此他日萬國會同之法物也順天者存逆天者亡先天者與後天者廢天之智奚不若人天之仁奚不若人而能以好生之心為殺人之具乎故小民之生業移而已矣奪則未也拘眉睫之見者悄悄然疑之皇皇然禁之而吾民之生業乃眞為他人所奪矣且舉中國四萬萬之人民物業皆將見奪於他人矣何則彼富而我貧彼強而我弱故也其所以一富一貧一強一弱者則輪舟鐵路一行一不行焉故也拘儒目未

見電報鐵路輪舟而肆口雌黃逞其臆說是何異目窮杯勺而疑渤澥之非眞日對培塿而斥泰山之不大也其不爲斥鷃鷦鷯所笑者幾希矣今沿海商民漸知通變而腹地各省閉塞如前愚民聽命於士大夫而士大夫之排擯益甚夫三事者譬之弓矢刀矛皆當日之利器耳正用之則正邪用之則邪人得之則人勝我得之則我勝今惡敵人之勝我遂併其弓矢刀矛而棄之而徒手以與之搏雖勇過育賁豈有幸哉蚩尤叛諸侯而所作五兵歷三代聖帝明王不能廢者職此故耳且即以商務言之負戴而行與舟車而載者獲利孰多則必曰舟車運載之獲利多也知舟車之勝於負戴時知

輪舟鐵路之勝於舟車矣徒步而走與乘馬而馳者孰速則必曰乘馬者速也知乘馬之勝於徒步則知輪舟鐵路之速於乘馬矣然猶曰人之貨不能來則我之貨亦不必往塞向墐戶誠無用輪舟鐵路爲也今洋貨通行充斥內地民閒市肆財力已空則必將出我之貨以抵之亦自然之理也人之貨細而精我之貨粗而重苟不以輪舟鐵路載之則曠日稽時車煩馬殆雖竭蹶抵埠而運腳已昂能獲幾何之利也然必又曰中國之內地固無貨可銷外洋也斯言也不知通商以後之情形亦無庸深責者也一草帽之賤出洋至四百萬金一狗皮牛皮之賤出洋至九百萬金凡一絲一縷之微地

上地下之物華人之所用者彼必需之華人之所棄者彼仍取之如前所言土產礦金工作三事患我無貨不患不銷患我之不能運售不患彼之不能收買此則統籌中外橫覽古今而可以穚知其故者也今中國沿海及長江輪船之利已與各國共之矣自餘若江蘇之太湖吳淞江蘇州河揚州之裏下河浙江之錢塘江餘姚江安徽之淮河巢湖新安江江西之鄱湖贛江邗江湖南之洞庭湘江沅江湖北之漢江貴州之盤江牂牁江四川之岷江大渡河雲南之瀾滄江潞江滇池洱海廣西之左江右江廣東之東江西江福建之閩江北方之黃河白河其可以行駛輪舟者何限而商民不知購

造官吏不知變通掩聰塞明坐聽他人之盤剝通商開埠以來六十有餘載矣既不能閉關絕市又不能發憤為雄既不能禁洋貨以不來又不能禁華民之不用如虎狼載道門戶洞開徒束縛家人之手足筋骸以恣其吞噬中國尚可謂有人乎今日本商約中已有內河行輪之說嗣後泰西各國皆將羣起效尤帆影輪聲不十載將徧行於內地吾不知持迂執之論者與華民何讎而必欲百折千磨錮絕其生路也與西人又何親而必欲千方百計讓彼以先鞭也噫天生此輩毆爵毆魚禍首罪魁聽之萬世

廣通郵電說

商務之要術無他通而已矣銷路之或暢或滯貨價之或低或昂轉運之或難或易一知之一不知之則知者勝矣不知者敗矣知者贏矣不知者絀矣知者安矣不知者危矣英人當未有輪電之前先於徧國中廣修平路設立馳馬之車一晝夜馳六百里隨地換馬絕跡飛行專用以遞商人之信件商民或有急事亦出重值附載以去行之未久而舉國之商務驟興自以爲至神至速矣及火輪舟出而河海可通之路均改用小輪以遞之所謂郵船者也當林文忠督粵時西人只有郵船尚無大商輪兵船鐵甲也然日行千里較之馬車

六百里捷速已多矣及火輪車出則一日夜二千里加足火力可三千里而舊日之輪舟又瞠乎其後且窮邊大漠無水之地任意通行於是遞信之法水則輪舟陸則輪車而四海周流更無疑滯矣然輪車剏設之時初皆單軌此來彼往撞擊堪虞關繫千人之生命時已得電氣通信之法乃於鐵路之側豎立電綫之竿此處開車先行電達然僅用之於輪車也嗣推而廣之徧通於本國以鐵箭貯綫沈之海底以達於比西法德諸邦渡大西洋海而至美利堅過地中海蘇彝士河紅海南洋而抵印度以及乎中國日本已環繞地球一周矣繼而各國均知其利爭相仿效徧其國中以達境外光緒

廿年各電局總計電綫之長遠已可以環繞地球一百周而仍歲歲加增未有止境於是全球萬國上而國勢軍情政務朝章之大下而閭閻日用農工藝術交涉貿易之微一綫飛傳五洲響應環地球十萬里由此達彼不越二時尙有德律風傳聲之機由英之倫敦達美之紐約相距三萬里而遥彼此傾談宛如覿面噫可謂神矣而其關繫之至大至要而至緊者則尤在商務中國及各國各埠一物之缺也一貨之多也一金銀市價之長落也一舟車運載之通塞低昂也本埠尙未周知而密電風傳萬商雲集中國之人掩耳塞目非惟不及知亦不能知非惟不能知亦不欲知成敗盈虧付之命

運不能盡人事而妄欲貪天功遂致利權舉授他人貿易無不虧折是猶明者瞽者捷足爭先明者振臂長驅瞽者不知趨避有落阬墮塹已耳此關不破而欲振工藝興商業策富強其必無望矣泰西各國知電報郵政繫商務之盛衰國勢之安危强弱也又慮商人之自利自私貪近利而忘遠害也𠛬辦之始有官電有商電其郵政局有統於海關者亦多有商人自設者現均由其國家派員經理陸續收回商民有要事則由電傳而電報之收資其價倍廉於昔也商民有信函則黏帖憑紙水由輪舟陸由輪車統歸郵政局寄送並由瑞士京城公議一最廉之價值五洲萬國無復參差其所以使

利商民者至周至備而各國郵政電局之入款乃仍歲歲增多綜計度支溢數千萬天下事固有價貴而銷滯價賤而收數轉豐諺所謂多中取利者此也中國雖有電局而本國尚未通行報費所需依然昂貴雖以較外國尙覺稍廉然中國日用所需皆廉於泰西十倍則此價在泰西廉而在中國乃甚貴也且繁盛之鄉則商收其費荒僻之處則官墊其資𥟖商並無大利而一二人獨專其利也此何說也郵政之設甫有端倪然不平不均恐仍蹈電局之覆轍天下之良法美意不得淸公正直之人以行之終歸無濟耳雖然中國之大患在於不知尤在於不行行之而有弊猶愈於不行也弊雖中

於隱微而君民上下之顯收其利者已至大而至遠也由衰而盛由塞而通由昧而明由散而聚通商惠工之樞紐塞漏卮興物產之本原其必自廣通郵電始

大興商埠說

自黃帝日中爲市首山鑄銅太公因之有九府圜法管子立閭闠作女閭府海官山以通天下之貨今之論者以霸術斥之若黃帝太公獨非王道乎夫商務之興錢幣之輕重隱視爲國九州之廣狹以爲差太古之時居民渾渾噩噩老死不相往來偶有所需粟布交易而止矣三代以下土地日廣生齒日蕃民用日增則貨殖日重陶朱計然之術徧行於寰區漢世桓寬鹽鐵之書文學大夫詰難百端而不能相勝人情之所便天意之所通萬古聖王之所不可禁也然西通波印東抵倭韓往日商途際海而止明永樂時乃始遣寶船載

瓌貨出南海達西洋以收番舶珠犀之利自是而後泰西巨賈絡繹來華而澳門而臺灣而香港而沿海沿江各口華人之出洋經商傭工謀食者亦不下數百萬人英人利擅六洲多財善賈君臣上下併力一意專以通商闢埠爲要圖每於山陬海澨荒涼寂寞之區挪興廛市未及數月而街衢洞達樓閣崇閎百貨駢闐萬商雲集重以電燈煤氣徹夜通明電報輪車終朝飛達潔清整肅如入化城所謂天下之商賈皆欲藏於其市天下之行旅皆欲出於其塗者也而其旁之中國城鎮轉復崎嶇蕪穢如沸如羹盜賊横行荆榛載路稅差衙役冤辱平人翦綹打降欺壓良懦以此例彼顯判天淵中

人之家及富商大賈無不挈資攜眷適彼樂土廬附他人其留者多困苦顛連不能自給相形見絀奈之何哉故西人商埠之制整齊嚴肅決爲三古遺規而不容執後世因循苟且之爲強行軒輊也今中國果確知受病之所在決計開物成務通商而惠工則此商埠者固中國五行百產之菁英所出爲藏焉交易流通以與天下萬國之商民相見者也苟其街道之墊隘如故舍宇之埤陋如故水泉之鹹澀污穢如故捕務之不修盜賊之不禁也如故游匪蠹役之敲詐訛索也如故則貨物闐溢而遠人不來雖欲通之乃反塞之矣且中國勤言聖道以上種種積弊豈聖王之盛治所宜有乎簡陋因

仍殆非所以昭示萬國欲申而禁之廓而清之亦不過一紙
官文奉行故事而已其所以積漸頹靡以至於此極者非伊
朝夕矣惟有仿恰克圖買賣圈及江海各埠租界之式凡輪
舟鐵路電報所通之地及中國土產礦金工藝所萃之區一
律由官提款購買民田自闢市埠開衢建屋而歲課其租金
一切詳細章程均仿西人工務局成法現在各埠租界之側
亦一律淸釐隙地興造樓房正其名曰華市以便華商居止
貿易且免西人託名影射佔地益寬如近日上海租界地基
蔓延至百里以外彼以重值餂我愚民流弊深微未知所底
使皆由中國自闢商埠則此疆彼界雖欲尺寸侵越而不能

今通商之地日益多估地之謀日益甚非自闢華市以清其限則官司隔膜無可稽查以利誘民何求不得然此猶患之小者也中國自行建埠而歲月取租由內之商部外之商政局經理其事仿周禮司市之制貨物出入有數可稽即可改徵密地稅銀而盡撤天下釐金以蘇民困按月按季所徵之租課除設捕修道諸費外仍可成裘集腋上濟度支東西兩洋各國歲需皆倚此爲大宗之入款則商賈通而民不爲病釐捐撤而國不患貧復古時關市之征改後世權宜之制開渠築道養無算之閒民殖貨通財闢無涯之利賴此則益國便民之大者有能攬持全局愛養黎元讀三代以前之書知

四海以外之事者乎願得與之上下今古借箸而一籌之也

仿設巡捕說

巡捕之制實仿古之虞人秦漢之游徼晉宋以後一變而爲弓兵差役又復吝其工資寬其銜勒賤其行業絕其出身凡親民治事之官皆倚爲耳目爪牙之用噫天下有蠹役天下無好官矣天下之幹役多天下之良民少矣除暴則不足擾民則有餘索賄則爭先逐賊則居後蓋自有差役而末世之規爲所以終不古若也自官吏重用差役而堂堂中國周回萬里之疆土四萬萬衆之人民所以見凌於海外小邦俛而受他人之抑勒也蓋差役不去則官民隔膜上下之氣永不能通有臣億萬惟億萬心横覽古今安有全理然驟去差役

則宮府上下治事何人若輩積習已深即使予以出身優以工食警以刑誅動以賞賜而鴟鴞之性亦難遽化祥禽且積威所加民之畏之也甚矣民之疑之也亦深矣彼不索賕民將予之彼不生事民終危之以此求治不可得已惟先於通商建埠之處仿設巡捕正其名曰游巡或曰巡勇今中國通商各埠之巡捕甯波福建則全用華人上海漢口則什九華人而稽以數西人數十印度人行之數十年毫無流弊徒以工資優裕法度詳明遂能事事認眞人人自愛勤能奮勉迥異尋常然則謂旦法之決不能行華人之決不可用者謬也即如上海一埠每一街口立一巡捕車馬繁盛之處酌量加

增一日夜分六班每班管二時許人攜一角一燈一木棍遇有盜賊力不能制角聲一響相率應援巨盜兇匪立時禽獲凡巡捕應辦之事一百三十餘條巨細皆備別有禁令愈瑣屑愈嚴明必覓保人方能充捕入局之始先將禁令章程讀之爛熟方准充當否則擯之充捕三年謹密無過則派充暗捕不穿號衣游行街巷之閒察訪事件雖小竊之案無不獲賊追贓多有隔省兇徒自投羅網者巡捕工資每月八元而暗捕而捕頭其工資有遞升至數十元以上者有功必賞有罪必懲無賄徇無容隱無寬假無稽留故人樂為用其工費雖極優裕皆取於旅居租界之人車捐房捐輕罪之罰款以

本地之銀供本地之用刊單登報涓滴歸公無濫無私數用爲度故人樂輸將巡捕下班無事則捕頭率之以習武事戰陣之分合步伐之止齊槍礮之準頭刀兵之擊刺宰明號令以輔西商團練之兵上海有巡捕四千餘人領以西商練隊儼有十營精銳自成一軍足以保衛閭閻銷弭禍變矣故西人他種新法或未能盡善或中外情形不同推而行之尚須參酌而惟巡捕一端闇合古者虞人游徼之制可謂精詳周密毫髮無疵大用之則大效小用之則小效此英吉利所以東據印度西併美洲屬地徧於全球威棱震於四海歐美各國一律倣行日本初效西法贊歎稱揚推爲西國富强之第

一策者也誠使剏開商埠仿設巡捕只須譯鈔辦法調用華人賞罰嚴明始終一轍所需經費酌取房捐車捐已無不足商埠既設然後推行於內地各省府州縣將舊日差役之弊一洗而空之上欲舉一事也交巡捕以下於民則利無不興弊無不去矣下欲陳一言也付巡捕以達於上則澤無不究情無不通矣無事則安良治盜居民無桴鼓之驚有事則禦侮同仇海宇有金湯之固且以上海而論需巡捕四千人則一城一鎮之閒各須壯健者千人以充此役綜計一省即數萬人而經費不出公家貧寠均有生路雖差役裁撤之後果其束身自愛亦堪改業承充其利益之在國計民生者實無

涯量也豐亨豫大厥以商務爲權輿嚴肅清明當以巡捕爲
嚆矢世有深明大略之君子當不河漢斯言矣

修舉火政說

夫子曰民非水火不生活知水火之爲用至切也又曰昏莫叩人之門戶求水火無不與者知水火之爲物至多也又曰水火吾見蹈而死者矣知水火之爲利至鉅而爲害亦至鉅也民之飲水殆出性生自燧人火食以來二氣之功能長留天壤水則飲河鑿井無往不宜火則春夏秋冬分取之榆柳各木四時變化意主更新西域崇拜火神各寺之長明燈有歷數千百年而不滅者則西域之火又以舊爲奇而要之習俗相沿均無所謂新法也自英人華忒悟鍊水化氣以氣托物之理而火輪之機器盛行厥後化學肇興致求益密於是

因火井之理而悟煤氣之可燃各於鎮埠之旁掘地燃煤逼其氣以入鐵管由總管達於分管理之地下至燃燈處所竅地而升罩以玻璃分行列植引以一星之火則寒星萬點徹夜光明閉其管則倏滅凡街燈壁燈挂燈及一切定而不動之燈均可以煤氣燃之害少於油而價廉於蠟此煤氣燈之利用一也然煤燈火色白而微黄久燃之尙有煙煤氣味也嗣悟磨電生光之理改而用電氣之燈磨電汽機相距數里以鐵管引至其處長竿高揭明徹街衢朗朗如月其光力可抵四百枝燭光然閃爍晶瑩宜於遠而不宜於近也嗣而接以分管引以白金之絲一點靈光炯然明照由是煤燈電燈

相參並用而繁星萬點如游不夜城矣此電燈之利用者二也二法之妙皆在價廉費省且可永絕火災蓋煤油性挾硝磺大爲各國之害而取值最賤任何種油蠟不能比之惟煤氣電氣之燈其價又較煤油更賤而置之有定地燃之有定時所用者光所通者氣碎玻璃之罩則氣散光銷使大地通行天下永無火患矣故煤燈電燈之用其利益實不可形容天假手西人以救此煤油之大害也而電燈之利則西人推之以照海口其光力之大可抵四千枝燭光照見二百里之外一星皆月使海船知趨避之方而物業人民無虞覆溺矣推之以照兵船而凹鏡回光閃閃如電船有電燈二以分照

兩面則十里之內雖纖鱗躍水飛鳥掠波稍有風紋纖悉皆現因得預防水雷魚雷之轟炸從而撈以鐵網擊以快礮捉以滅雷之船而當日鑿沉偷劫諸方更無敢輕於嘗試矣其妙有如此者至於防火之法則水龍之制逾變逾精其噴力之高可及三十丈皮管數十副取水之遠可及十里之遙水會之資皆商人報效救火之役亦商人自願承充局中高築望樓四面俱見日夜派人瞭望毋閒須臾違者有重罰有火鳴鐘南北東西辨以鐘聲之多寡警鐘一報水會中人易衣易帽駕水龍以出不得逾八分鐘車到火場不得逾二刻風馳電掣辟易行人不趨避者碾死勿論救火之時各司其事

執皮管者覓水筦機器者吸水執龍頭者噴水飛空萬瀑若
決江河自餘駕轅梯者持鉤盾者執斧鑿者需用之物必備
必精分投上房拆斷火路故失火之處罕有延燒至數十家
者更有管救人者持滅火之藥水穿耐火之衣襦突燄衝煙
專救婦孺之驚迷而不能出者每見救火之會智仁勇義四
德俱全嚴肅清明萬善胥備未嘗不歎西人之強盛有由也
然而僻巷閒街取水太遠或水不足用則其願力猶有所窮
也西人因水平之理悟引泉之法相距數里或十數里如有
深谷高山名泉潔水則因巖就壑砌池以蓄之若有江河溪
澗則開渠以引之或其地本無山泉河水又復不潔則掘地

作井汲水入池濾以細砂數池相續而污者潔渾者清矣然後量以地平之儀知蓄水之池與鎭埠用水之地高下若何其池低而鎭埠高也則造一水墻高十餘丈汲水入墻然後承以鐵管引入鎭埠之閒其池高而鎭埠低也則引之而已矣鐵管埋之地中引入城內隨意高下皆與蓄水之池墻相平水之性本平也用之者或以墻或以管或以箱隨人收放按月取資較雇人挑水價廉其半亦可於街衢閒置立小水墻每月收資若干包與水夫挑售取利而合城合鎭合埠日食之水清潔無倫自達官貴人富商巨賈下至貧苦食力之民一律可以汲飲舊日井泉鹹澀止供浣濯之需所以卻病

清神免夭傷而臻壽考者其功德亦無涯涘也利益之大尤在救火一端無論用水若干均不費錢文不煩挑汲大街小衖各有水管套以皮條如萬丈泉源用之不竭而火政之全體大用始全都中如

太和門

祈年殿戶部各處疊遘火災民閒回祿之殃指不勝屈皆以救火無具汲水無方糜費金錢何止千萬重以路燈已廢井水不潔穢惡不除以致盜賊橫行瘟疫相續各省府州縣積弊尤深誠於新開商埠之中仿行火政然後因宜制變漸及於都會各區則商務勃興可立而待此三古聖王痌瘝保抱

愛民如子之盛心天假手西人以出之一仁一不仁如判黑白而決不可以意見參之橫生訾議者已

商改稅則說

稅則者商務盛衰之根本也均是物也我之稅重而人之稅輕則我之成本昂而人之成本賤矣其價均也則人之獲利多而我之獲利少矣其價不均也則人之貨銷路暢而我之貨銷路滯矣此亦自然之理必然之情不得不然之勢也英國向有保業之法慮他國之物奪本國商民之利乃禁其入口重稅以困之如中國絲茶白糖甆器四宗皆值百抽百本國出口之貨徵稅至輕或有竟不徵稅者如印度之煙土茶葉海關均不徵稅欲暢其銷路俾本國商人之獲利多也嗣各國譏其不公本國英倫三島乃改爲進出一律惟煙酒不

在此例然此外之值百抽十抽數十者仍纍纍也印度之茶日興月盛已較中國多至一半有餘而至今仍不徵稅也美國進口之絲茶值百而抽六十出口棉花洋布稅數甚微自餘俄德法奧日意諸邦均於本國出口之貨或輕稅或免稅以保利權於他國入口之貨雖不禁之而收稅終較本國爲重如某貨來自某國入口過多慮本國商民日久失利則於一年前知照各國謂本國於某貨將加抽若干之稅出貨之國不敢不從卽使所加過多祇能飭商人不運不售不能阻其加稅蓋收稅一事凡有國者自主之權卽使小若彈丸弱爲滿屬苟尙能保其位號卽不應聽命他人此萬國人情天

理之當然卽一國國計民生之所繫而決不容以勢力橫相侵奪者也惟天下萬國亦從未有以稅則一事列入約章者蓋稅則者一國之私權也約章則譬如合同互議互商各執一紙兩國之公權也中國甫議通商情形隔膜誤將稅則載入約章由是私化爲公能自主者不能自主英人陰謀相劫盛氣相淩太阿倒持六十餘載中國之受虧也深矣英人之擴利也亦至鉅矣英人議論輒謂華人因循猜忌不信外人致通好多年而彼此邦交仍難浹洽請卽以稅則一事論之英人之欺天欺聖以欺我中國四萬萬之人民也固已至矣盡矣蔑以加矣天下事無平不陂無往不復英人旣以洋藥

之毒戕我華民又以收稅之章欺我中國轉將禁奴瑣事欲倡公義於人閒是猶持一銅之輕金贖萬鈞之重罪也上天無私滿者傾之虧者益之必將有以持天下之平而彌生民之慽也無煩再計決矣日本通商後於中國其約章受弊與中國同近與英人續訂約章改爲分別徵稅稅則之輕重始得自由中國同係亞洲大可援照辦理然後將出口絲茶各物比年虧折太甚者略減稅釐中國之商情庶能漸有起色乎至西人食用之品照約免稅而洋酒各物遂成絕大漏卮無稅無釐通行江海各埠綜計入口成數每歲不下數千萬金物美價廉盡奪華民之生計尤宜擇其害民最鉅銷數最

多者仿洋藥之例重徵其稅以杜來源而入口出口之金銀亦當照各國章程通行徵稅綜計中國入口洋貨英居十分之七各國共得其三英從而各國安有不從者英人自命與中國邦交最深理宜共慼同休保亞洲之大局中國安而亞洲安歐洲安美洲安英國之商務全局亦隨之而安否則地主傾危未有旅客尚能安居樂業者況眈眈逐逐疑之嫉之犄之角之思紾其臂而奪之者固大有人在乎中國昏昏然六十餘載大夢未醒而國計已空民生已蹙今欲與商務而不先改稅則是猶拯溺者不援其手治病者不究其源雖心力交疲終歸無濟耳自有可改之會可為之時失此不圖後

將奚及天下蓋有知之而不能行者矣未有不知而能行者此又夙夜撫膺俯首默禱天心牖我華人耳目聰明勿仍如前日之無聞無見也

博物開會說

太史公貨殖傳曰太上任之其次教誨之其次整齊之其次利導之蓋商人牟利之心無孔不入其操奇計贏因利乘便先知逆測之竅要父且不能傳之子徒且不能受之師無中外古今一也苟官爲經理或加以限制或侵其事權必將掣肘多方弊端百出欲振興商務而商務益衰所謂太上任之者誠千古之要言妙道也然泰西諸國商務大興其所以教誨整齊而利導之者實有其法蓋恐商人愚闇自私自利受制他人不能復規遠大也整齊之法則公司而已矣商律而已矣商會而已矣利導之法則游歷也減稅也開埠也行輪

也修道也建官也設兵也給文憑也助經費也商力所不足者官輔之商情所不願者官通之商之計慮所不能及者官成之西國之性命於商也若此至於教誨之法則日報學堂而外賽會一事實擴充商務之本原所以濬發心思開明耳目使商人之智慧日增而商貨之流通日廣者胥是道也泰西各國君民上下皆亟亟焉視賽會爲要圖籌集鉅金購買隙地大興土木廣致珍奇如英京倫敦法京巴黎及西班牙比利時瑞士諸邦均屢舉不一舉經一次賽會則其國工商技藝各業勃興若絲業茶業糖業礦業尚有專會皆所以考求物產利便民生鼓舞商情裨益國計其所見至遠而用意

至深惟美國百年大會規模尤爲閎遠中國亦以物入賽且派員游歷紀載以擴見聞惜撥款無多備物過少逼窄褊小貽笑遠人而磁漆木器諸工西人爭相購買維時日本通商各國僅十餘年器物既精占地復廣西人稱其工藝必將遠勝中華蓋工業商業之盛衰卽以覘國勢之强弱耳光緒十九年美國希加高城設立四百年博物大會則已窮奢極麗備宇宙之大觀集貲一千萬元購地七千餘畝建房修道諸費三百餘萬元綜計十五院一曰農務院凡百穀百草餅餌糖蜜瓜芋牛乳魚肉菸茶酒漿農器糞田之物皆是也二曰種植院凡種樹種果種花種菜種葡萄種桑種茶種蔗諸法

皆是也三曰六畜院凡牧畜馬牛驢騾綿羊山羊橐駝犬豕
貓兔家禽野禽野畜之類皆是也四曰漁務院凡鹹水淡水
養魚捕魚釣魚醃魚貯魚諸器皆是也五曰礦產院凡礦石
地學煤鐵金銀銅錫鋁鋅鎳鈷銻鉍鉀汞顏料各石各寶石
分礦鍊礦諸器具皆是也六曰機器院凡發力傳力滅火紡
織印書照相木工石工泥工各機器皆是也七曰運務院凡
鐵路街道各車各船馬駝人力運人運物之法皆是也八曰
工藝院凡化學藥餌油漆器皿玻璃象牙雕刻佩飾鐘表絲
綢衣服綵繡象皮燈燭刀鎖諸物皆是也九曰電務院凡電
氣吸鐵量電發電增電通電電燈電報電鍍金銀各器皆是

也十一曰文藝院凡文字音樂圖畫刻石模金各事皆是也十一曰藝學院凡衛生醫術學校書籍測候工程商務皆是也十二曰人事院凡古今中外房屋服飾器物神佛軍械戰具獵器皆是也十三曰女工院凡各式花邊繡作針黹等物皆是也十四曰郵政院凡各國日報電音傳聲留聲諸器皆是也十五曰政治院凡本國各國交涉戰爭工商治法民情政俗皆是也合地球中天地所生動植飛潛及古今中外手工機器所成諸物無不搜羅薈萃於一堂因得而攷其良窳第其高下別其精粗美惡黏帖價目合用者即購而歸游觀者多至三千萬人皆知天下之大萬物之賾各國人民風土物

業之若何因而擴其見聞增其識力益其技能知本國之所出何者可以行銷他國之所成何者可以仿造而所收游資多至二千萬元川資旅寓之費不與焉本國利也他國之以物往賽者亦利也其益於天下萬國之物產人工者尤有無形之大利也惟中國之物較前會尤稀由美署派人往觀尤非慎重邦交之意實不足以示四方而觀萬國也日本先於其國中舉行絲茶農桑礦務各小會十年以後亦擬舉行大會頡頏泰西故其工藝商務之興如潮驟長十年前出口之貨僅值三千萬元今歲增至二萬萬元而國帑充盈百廢具舉其收效有如此者中國舉行大會驟難集此巨金況物產

無多未堪比賽獨不可如日本之舉行織布紡紗開礦諸會以立之基乎今各省風俗賽會迎神糜費無藝傷人肇事時有所聞賽會之名同而實則異何如嚴禁神會由官主持開場造屋飭沿江沿海各埠各運貨物比賽銷售則風氣漸開亦免陋俗相沿作無益以害有益矣中國此時工藝未興而土產各物萬彙千名可以行銷外國者何限誠能派人游歷設法仿行則通商惠工其富強可翹足待斯即黃帝日中為市之意有益於利用宜民博物多識者實非言思擬議所窮不止商羊蓱實共駭神奇海賦山經徒增炫麗而已必執崇本抑末之言苦相詰難則必希風太古老死不相往來或盡

屏蓮人仍如前日之閉關絕市焉斯可矣

保險集資說

男子弧矢四方遠適異國水則有覆溺風濤之險也陸則有車翻馬逸盜賊刦掠之險也然此就尋常行旅言之耳至於巨賈富商挾貲運貨水則連檣接舳陸則結駟聯騎稍有疏虞一蹶多難復振然此猶就昔日之水程陸道言之耳至於今日水則輪舟陸則輪車電掣風馳日行千里其速固不可思議偶有蹉跌其險亦不可限量即有救生救命之圈而資本千萬金全歸烏有一商受虧羣商失色於本國商務大有所妨遂有智者糾集巨資剏立保險行以保輪船輪車之險譬有萬金之貨至行保險按五釐計算納費五百金無事則

費此五百金已耳萬一有事保險行須照償萬金此商履險如夷有此萬金資本仍可大張旗鼓捲土重來然遇險者一而不遇險者固盈千累百也償者一而不償者千百固仍坐收非常之大利也始而附舟附車之貨物保險也既而客亦保險矣載客之輪舟輪車亦保險矣始而保道途之險也既而各工作廠資本太重工人千百慮罹火災亦從而保險矣既而市肆之殷商保險矣既而居家之富戶保險矣既而官司之廨署保險矣既而一器一物一房一車一馬一犬之屬凡私心愛賞欲購而不易得者皆估價而保險矣保險之物日益繁保險之利日益廣保險之公司亦日益多而其保人

壽險之法尤有合於先王卹老濟貧哀此煢獨之意使之自相補助自相扶持其功德所保全爲尤大也泰西作苦食力之民有年老者有多疾者有家累太重者每日所得之工價稍有贏餘亦煙酒流連徒供浪費已耳一遘死亡之慘則囊無餘積妻子不免飢寒乃有保險之行使之按月五釐估值而保險一有意外照數賠償一二百金之資取之宮中而皆備不惟衣衾棺槨綽綽有餘而妻子亦得藉其餘資存放息金或作小貿易以餬其口此則法良意美儼周禮睦婣任卹之遺風不啻將衆人之資代爲存積以恤此一人之憂患者也然保險之時年老多疾者必由醫生診視三年之內可保

無虞方能投保則又因資本所係仍須有利可圖雖仁術仁心亦必求其可繼者也其關繫至鉅者則尤在水險火險及貨物道途之險中國商局輪船保險之費歲需數十萬金刻已立仁濟和保險公司自保水險以收溢利惟各處紡紗織絲織布諸局廠歲歲增多資本各數十萬金工人以數百千計欲不保險則人命物業跬步堪虞且前此織布局災未經保險事後之論咸歸咎於總理之非人中國既無保險之行而各工廠又亟需保險之事於是每廠每歲數萬金之保費唾手而讓之外人購數萬包之棉花則需保險也成數萬包之紗布則又需保險也百金成本先耗五金是不啻於每綑

而外預納一西人出口之稅矣此時紗布定價甚昂業此者皆有三二分之息故相率因循不能自覺耳萬一紗布陡落而保費如常其虧損何可勝道且沿江沿海數十廠每廠數萬金每年即數百萬金而必讓西人以獨專其利也何爲也哉中國官商隔膜商與商又隔膜以致自相攜貳聽命他人故一言商務之贏虧而不能痛恨太息於華人之不通外情不顧大局者此也誠由官設立商政局選舉公正紳董糾資集股自立保險公司祇收華人保險之費每歲亦數千百萬金開誠布公通力合作保衆人之物業收各埠之利權即此保險一端而華商之大勢成中國之全局振矣至外國保險

多設分行每行資本至多百萬所保者不過十萬金如一工
作廠資本五十萬則五家分保之慮擲巨資致成孤注且常
派人至廠查察偶有不愼及引火諸物必再四丁甯誥誡願
彼此永保平安其居民鋪戶保險數干金數百金亦必訪查
明確仍與水會聯絡一氣以免延燒太廣受損過多其精詳
縝密之規條尤不可不效求仿辦者也

酌增領事說

各國領事之在中國者威權無限儼然治民治事之官也實則護商之官耳故其國商務少者或以商人充之或竟不設領事惟法國領事職兼護教動輒稱兵要挾杌隉多端中外刑律不同交涉案情必須會審領事之權利遂推廣於治民太阿倒持實礙中朝體制英復增派一副刑司駐滬有罪者援情準律始定爰書固緣明慎用刑亦慮領事之不諳法律耳英人通商各國其領事無兼轄民情者惟屬地如印度巴拏大澳大利亞之類始派刑司而香港上海亦然是儼然以屬地視之矣日本初約與中國同此次換約之時已經更正

中國向於日本設理事官專管中倭詞訟而轉不關商務情形隔膜一變而盡失其本來今商約將成此官亦撤名實久喪無庸更愛其羊矣中國剏立香港西貢新加坡領事廑議始成而香港一埠終無成說因外國搬設領事皆先試辦一年某公必欲三年故竟作罷論也華人之在外埠者統歸西官管轄雖設領事亦苦事權不屬受制於人然領事以護商爲職不理民詞此西國之通例也護商之事不在銖銖而校之寸寸而度之也在平日通達外事聯絡商情潛收中國之利權隱繫遠人之觀聽苟得明通公正之才以久任此職則上維國體下順民心其補救於深微隱闇之中者實非一二

端所能罄也且華人之出洋者其苦累也深矣其拘囚屈辱也亦甚矣始也由於匪徒串通洋商誆誘鄉人之愚拙者名曰猪仔至澳門左近拘入洋船載至南洋各埠售之於墾地之西人慮其私逃羈以鐵索朝牽而出暮牽而入少惰則加以鞭撻賤之如奴隸役之如馬牛狺語猙聲食不果腹其載運出洋也數百人閉置一艙昏悶而死者已三之一抵埠以後飢餓疾病鞭箠而死者又三之一僅延殘喘者不及一成其稍有技能作工勤奮能得主人之歡心者因而積漸致富不過千百中之一二耳然挾資而去既憂異族之羈留出險而歸復苦同鄉之訛索控諸地方官吏復從而魚肉之當九

死一生之際幸脫虎口而博蠅頭乃轉棘地荆天欲生無路此可爲寒心酸鼻者已而其所以致此者則因出口之際既已不及稽查抵埠之時復苦無人管轄以致進退不得去住兩難而各埠情形不同有巨賈殷商自設輪船行棧者有僅有小康之戶自食其力者有全保工役仰食於人者論者欲設領事輒以就地籌款爲辭冀括彼私財以充公用而兵船不至威望不孚華民受虧毫無挽救操守不謹中外所輕更有各省賑捐斂財海外比年常駐新架坡者至有十三局之多乞貸卑猥益爲遠人所笑嗟乎天下事尚可言哉雖然東南洋數百萬華民固中國之蒼生赤子也西人開埠必招華

民華民既多其埠之興可立而待否則荒涼寂寞太古榛
如英美之新舊金山墨西哥巴西秘魯古巴各埠袤延至西
貢緬甸印度錫蘭及西人新闢之非洲南洋萬島開闢之始
皆廣招華民華民工作勤食用省薪俸廉百產蕃昌陡成富
庶然後其本國及他國之工人從而嫉妒之殘害之驅逐之
天下之不平孰有過於是者然而逐者自逐新闢之埠仍不
能不招也誠派熟習情形深明大略之人周歷各埠經營擘
畫定立保護華商華工章程派一大臣駐紮新架坡主持其
事澳門香港汕頭厦門四處專設領事華工出洋將往何埠
與其國立約給憑訂立年限仍聲明日後去留自便不得有

擅行驅逐傷害等情否則向其國家索賠巨款華商出洋則給憑不立約亦須照會各國保護維持如西商在中國之例均不得向本人擅索規費則每年出洋之民可以確知其數而其源清矣東南洋各洲各島須查悉華民若干或貧或富爲工爲商何國所屬有約無約其埠之華民滿萬人以上者一埠設一領事否則數埠總設一領事國家籌給薪俸必優必豐統歸新架坡大臣管轄平日職守專以撫字工商保全人命物業爲主爭競鬭毆瑣事不與外人爭判斷之權新架坡須撥萬金設立中西大學堂以教聰穎子弟各埠商民有家業子孫因而失學者稟領事稟明該管大臣奏聞請款爲

倡再由本地捐集經費設立學堂果有明達之才由大學堂考驗得實保送來京聽候錄用因宜制變除舊布新恤其艱危開其知識則其流亦絜矣夫人才者萬事之根本也學堂者又人才之根本也說者動謂中國之於南洋權勢久失雖糜巨款無補時艱不知南洋各島在有明嘉靖以前本朝貢之國耳中葉以後明人棄之然後西人得而取之蹊田奪牛倚爲外府精神命脈皆在此間其取之者人才也其棄之者無人才也西人既驅策華民盡除榛莽種植開礦之利擅絕寰區乃轉迫逐摧殘竟忘開創艱難之自有其功者不得食其報華民之勤且愿也人之所悲亦天之所憫也以設官開

其始以立學考其成不爭旦夕之功不惜度支之費而惟以潛移默化收效將來使數百萬之華民智慧漸開才能漸出則有人有土有土有財吾知天之所以報之者將必有在矣否則自棄其地自棄其民有明之覆車未遠矣彼西人堅忍沈鷙無利不搜獨不可以待南洋者待中國乎又豈不可以用南洋之華民者用中國之華民乎此海內有心人所爲慼然憂悚然懼也

多製兵船說

今能禁外國之人此後不通中國乎不能也今能禁中國之人此後不通外洋乎不能也所以行之者輪船也所以護之者兵船也行者譬之足也護之者譬之手也今外洋入中國之船每歲數千百艘而中國公私上下無一船行駛外洋是人有手足我無手足也或解之曰中國百物具備無庸仰給外人不通商固無礙也彼欲通商則聽其來焉可矣何必往是大不然彼欲通商非必物物皆有所缺也趨利而已矣趨利則必爭以無手足者與有手足者爭彼勝乎抑我勝乎或又曰我安坐而食之固寬然有餘也何必爭正惟安坐而食

寬然有餘而彼之爭乃愈亟也必將彼有餘我無餘彼得食
我不得食而爭仍未已也況五六大國水陸沓至皆以中國
爲魚肉羣起而爭而我徒以不爭應之彼之爭遂可以已乎
不可也雖然手足定於天者也而輪船兵船成於人者也泰
西各國百年以前皆用夾舨船帆船行程一年始達中國雖
有若無付之荒忽不足畏也自機器行輪六七萬里之遙刻
期一月而我本國江湖之險民船往返動閱數旬人之利便
如彼我之濡滯如此詎可以當日之吳下阿蒙相待乎彼嘉
慶道光以前蠖伏澳門帖帖聽命自有輪船兵船以後其飛
揚跋扈何如哉且彼之手足亦非與生俱來者由通國之人

上下一心講求格致以臻茲巧捷者也彼可成我甯不可成彼可有我甯不可有彼爲其創我爲其因彼之成之也難我之成之也易可購者不止一國能造者不止一人我之受累受虧者不止一事而仍深閉固拒儘人侵奪轉以無手無足自豪此何說也往者不可追矣此後而果欲阜民財豐國用振商務收利權則輪船固須廣行兵船亦必須多製也今之論者輒因中日交兵海軍失事藉口於兵船之無用中國之無人謂中國無人固也謂兵船無用則非也上年大東溝之役兩國調集兵輪各出全力以相搏雷轟電擊破釜沉舟西人謂自英法海戰以來罕有如是之奮不顧身將性命鴻毛

輕於一擲者若平日護商兵船散泊海中藉張聲勢不常備戰安有危機不過按期會操練習槍礮以壯已民之膽氣褻外國之觀瞻而已可以隱杜侵陵潛銷事變矣前此中國海軍游駛新架坡中國商民所由瞻望旌旗而歡聲雷動者也惟海中道路沈礁暗線艱險殊多英國分駐各埠之兵輪自保護商民外專以攷察海圖爲要務日省月試歲課其成皆以日記繪圖考其殿最萬一有事則全地球之海道孰遠孰近孰險孰夷通國之人一覽瞭然更無疑滯實有益於行程之遲速戰事之短長兵機之利鈍因商輪來往只行常道萬不能周回偏歷盡悉其淺深曲折之所由然也中國南北洋

海軍興復萬難再緩內地通商各處亦宜各駐兵輪方免彼
族動輒稱兵要求無厭一通一塞受制於人至護商兵輪應
先以南洋爲主每駐一領事至少須駐一船此項薪糧可由
商人捐助當日新架坡庇能各埠本有捐置兵輪之說也惟
管輪駕駛必須得人操演測量必有圖說此則各國所同者
英法俄美各國之兵輪與商輪無大區別亟有平日運貨載
客絡繹往來有事時改作兵輪即爲國家備戰者因輪船久
泊鏽澀苔黏轉須修整於暇時收取水脚津帖幷兵不惟熟
悉海程並可無須另給養船之費耳中國事事隔膜各省官
輪或購或造迨竣功以後體制尊嚴寄泊江海之間除載送

官紳終歲不一開駛而薪糧糜費動數千金商輪則自擅利權亦不上濟國家之急官自官商自商無益而有損矣嗣後守口巡閱兵輪大可仿照各國章程辦理而國家稍加津帖即可任意往來閩南洋華商已自有輪舶多艘行駛各埠惟慮華官需索轉倚英人旗幟爲護符誠能開誠布公酌補公費發給軍械假以管帶武弁各頭銜無事則海天轉運儼然商部之章旗有事則艦隊聯翩高列海軍之位號聲威遠震與有榮施必有願爲公家出力者惟船非堅固戰時仍充運船如被敵艦擊沈仍須查明撫恤賠繳此於濟用之中仍寓恤商之意者也

創開銀行說

商財不能積也通而已矣商人之資本太少也則欲購何貨遵何道趨何利雖能億中力不從心不得不讓人以先著矣商人之資本而太多也則操奇計贏長袖善舞然或時會未至或倚託無人仍不得餍而藏之以俟機遇彼善權子母者已覺虛費息金矣況天下事善賈者未必多財多財者不皆善賈不有周轉流通之地則兩全無策必至兩妨西商之銀行所以通其郵而握其要者也中國自漢武時以白璧爲上幣黃金爲中幣白鹿皮一値錢四十萬實爲鈔票之濫觴有宋南渡以還與北朝通市所用交子會子與今之匯票何殊

元人遂專以寶鈔通行天下方其盛也上下信實適用皮過於錢末流作僞益多鈔價益賤再變三變始盡失其本來自明迄今懸爲厲禁然土地日廣生齒日蕃而礦產不開海內之金銀萬不敷生人之日用故今日各省錢肆所出錢籌錢票流布民閒雖虧閉頻聞仍趨之若鶩也錢少故耳晉商匯號海內風行無論千金萬金一紙輕齎取之如寄而各省報解京協各餉運銀之鞘官司押運兵役護送猶時有水火盜賊傷人失事之虞比來東南海疆所解餉銀均陸續改爲匯兌地廣人衆上下便之故也然此就中國言之也今日萬國通商水陸程涂皆逾數萬里輪舟鐵路絕跡飛行瀛海風濤

艱險百倍地益廣人益衆用益繁則取攜益不便假使交易皆用現銀何能九萬里往來雚然若指諸其掌乎夫不興商務則萬方之文軌不同不設銀行則四海之舟車不便道涂艱阻何如取之宮中行李戒嚴何如匯之他埠萬無一失得手應心天意之所開人情之所欲地勢之所不得不然有莫之爲而爲莫之致而致者矣西人於通商各埠廣開銀行銀行之最要者六事曰鈔票也匯票也股票也存款也押款也借款也所出鈔票自五元至百元爲度另存鈔本隨時取銀誠實無欺以昭大信鈔由機製款式精工雖有神奸不能僞造人皆不用銀而用鈔不存銀而存鈔而一千萬金得二千

萬金之用矣其便一也挾鉅資以行萬里輕蹈不測之淵稍
補徵賚易爲匯票周歷萬國不攜一文既可刻期從無失事
其便二也中國公司之不易集者因無銀行耳有銀行則股
本之銀皆存行生息千萬百萬如取如攜登高一呼四方響
應其便三也人有金銀無論多寡可存銀行生息隨時取用
者月息三釐存三月者四釐存五月以上者五釐乃至三元
五元均可存放有母必有子既便富民尤便貧民是銀行不
啻爲衆人營運也其便四也人有產業如房屋地畝之類留
之則無利售之則無人至銀行估價押銀自作貿易獲利而
後仍可贖回略如中國之典肆惟典肆所典者物而銀行所

押者業耳化板爲活化滯爲靈則敗落之家均有謀生之路而商務益興矣其便五也國家有大工役大政事急須籌款民間賦稅無可再加常年度支不能節省則銀行爲之籌借國債借票一出購者紛來不及浹旬已溢其量取之不禁用之不竭每舉一事彈指卽成其便六也中國旣無銀行又不思急行剏立故上欲籌餉則人易我難下欲經商則人通我塞譬之一身他人則百脈貫通血脈周流精神煥發無論登高履險無難色無戚容我則手足情癥氣絡痿痺血多之處積而成癰疽血少之方枯而爲癱瘓不和不活不均不平如以病夫敵壯夫豈能與之絜長而校短哉故中國自問此後

而果能不與通商則亦已耳通商而不設銀行是猶涉水而無梁乘馬而無轡登山而無屐遇飄風急雨而無寸椽片瓦以棲身則斷斷乎其不可矣銀行剏於法蘭西始事之人亦過於鋪張以致虧倒嗣後各國講求整頓章程益美善無疵有官銀行有商銀行有有限者有無限者誠宜取長棄短參酌中外情形定立規條得人而理不可輕心大意有始無終致爲遠人所笑提官款以開風氣闢礦產以裕本原發鈔票鑄金錢以收權利循名覈實體立用行於通商惠工之眞源懷遠招攜之實效思過半矣

通用金鎊說

裹糧以適千里載十斛粟與十千錢孰便則必曰錢便也攜銅錢十千與銀錢十元孰便則必曰銀錢便也攜銀錢十元與金錢一元孰便則必曰銀錢便金錢尤便也雖然此猶千里數千里之遥耳若遠而至萬里數萬里則舟車屢易行李多虞攜銀錢至數千元數萬元數十萬元數百萬元其累重與銅錢等水有風濤之險火有回祿之殃盜賊有掠貨傷人之慘金錢則以一值十萬一有事銀錢須十人擔負而逃者金錢則可以一人荷之而逸其便利何如乎古之時民情渾樸九州畫井地限中原粟布交易而可矣屢朝拓地日廣民

用日繁乃宋銅鑄錢以通貿易雖有黃金僅貴者贈問之儀不爲幣也嗣後錢法世輕世重黃金漸少白金漸多唐宋以來遂開銀冶至有明嘉靖之世西人探獲美國墨西哥銀礦之旺冠絕寰瀛遂由粵海通市之區浸淫內地維時中國之銀二兩易黃金一兩金不貴而銀亦不賤也而地丁錢糧改折銀兩上兌中國之需銀日多外國之來銀日廣彼以銀易貨我以貨得銀尚無所謂虧損也英人商務興於國初其本國出金素多又得新舊金山兩金穴乃用金以籠天下之利廣鑄金錢名之曰鎊金錢一值小銀錢二十所謂先令者也乾隆時美人自立爲國然舉國皆英人其用金鎊如故而美

墨二國金漸少銀益多專用銀者獨中國印度歲歲載銀入口易我之貨與金由是中國金日貴物日貴而銀獨日賤舊有之銅錢亦隨之而賤二貴二賤是生四弊黃金者國之寶也彼不惜購以重值中國富商貴人爭售之以要目前之利而舉國無蓋藏設有不虞何以備之是貧中國之富人也弊一飲食日用各物生人之所必需今使之無一不貴懷寶啼飢而萬姓無安樂鋌而走險何以禦之是貧中國之窮人也弊二內外各官之廉俸自有明以迄本朝本無所爲不足銀貴故也今使之陡賤至十餘倍而貴至將相封疆賤而兵勇吏役舊有之俸薪工食皆不足以餬口而養身上既不能議

增不得不取之於下貪官蠹吏接跡於時雖有刑誅不能復禁是壞中國之吏治也弊三四爾諸國向不鑄錢惟中國獨有得錢則珍如拱璧耳今各國皆有錢其金錢一文較銅錢貴至一萬二千倍華錢之太賤可知錢既賤矣而又太重且內含銀質概目以銅中國之私鑄者因其重也以一文化兩文猶倍利耳外國之私銷者因其有銀也以汞引之每銅錢一千可提銀數兩十數兩廿餘兩不等遂有數十倍之利而安可以嚴法禁之故中國之銅錢不盡不止是絕中國之民生也弊四中國此後果自問能閉關絕市則不鑄金錢我行我法焉亦可矣如不能禁西商入口又不能禁華貨出洋則

彼之錢皆貴我之錢皆賤非彼富而我貧乎彼之物皆賤我之物皆貴非彼通而我塞乎彼富我貧則日仰人之鼻息而中國無富商矣彼通我塞則日予彼以奇贏而中國且將無貧商矣通商六七十載輪船飛行而印度越南緬甸諸邦無一商運貨自通中國者利權一授他人則貧苦艱難永作終身之奴隸耳嗚呼可勝歎哉欲收利權欲興商務非自鑄金錢不可金錢之輕重非仿用英鎊不可英國出金最多故欲以金錢爲準比來美國銀礦大旺故欲參用銀準而英尼之何則金多之國利用金銀多之國利用銀故也英之尼之者亦所以固守利權也中國産金最多産銀最少而自明以降

官民上下通用紋銀固已不識外情受人盤剝矣各省金銀諸礦相沿至今一律封禁又且不知內事啟彼覬覦矣泰西各國咸謂金價太昂金產太少不敷全地球萬國通商之用惟中國金礦閉置未開必須開中國之金始足給生民之欲故英之窺川藏也金也法之窺滇桂也金也俄之窺東省也金也日之窺高麗臺灣也金也蘊利生孽有齒焚身中國以此區區將為眾射之的何如速開金礦自鑄金錢使天下利權仍歸於已乎宜購鑄錢機器專鑄金錢飭各省礦金一律歸官采買鼓鑄私售者重治其罪民間舊有金器亦按時價收之所鑄之錢款式用龍文分兩同英鎊金錢一抵銀錢十

永著爲例各省關均須一分成色一律而中國通行矣各國均贈一分並知照各金銀之會成色一律而外國通行矣如是則四弊可除乃興四利金葉金甎惟巨富者始得藏之耳鑄以爲錢則貧苦食力之民亦思人庋一二枚以防意外則國寶不流而一弊除彼之持我貴賤者以金磅耳今我自有金鎊又能廣闢利源中西之貨貴賤相等則民用可足而二弊除京官之俸以銀一兩折金錢一外官之廉俸旗綠兵勇之俸餉吏役人等之工食均以銀二兩折金錢一裁額而加俸則貪吏皆成廉吏而三弊除中國既自鑄金錢又復廣鑄銀錢及當五當十之銀銅錢以貴權賤以大權小以少權多

即使舊錢盡銷而已數周轉則無錢忽變有錢而四弊除海關進出口稅皆以英鎊金錢通用中人西人買貨賣貨亦以英鎊金錢通用皆免以鎊折銀暗受虧損利一國家購船購礮撥還洋款或他日息借洋款皆可以金錢抵英鎊免致買鎊賣鎊出入參差利二中國金錢輕重與英美之金鎊同中國銀錢輕重與美墨之銀圓同則彼之金鎊銀圓均可通行於中國中國大開地利以貨易之則彼錢皆我錢也利三中國產金之富久爲各國垂涎今金礦自開金錢自鑄權操於我利溥於人則邊隙漸銷戎心漸息民生日富國勢日强利四此一事者不止爲商務言之而其利益於商務固無窮也

且必自有金錢而後可言商務也使當十年以前早明於中外權衡之故出我之美利以利四海之人則百廢具興已成天下第一富國而惜乎覺悟之已遲也門戶已開藩籬皆撤人將下手我始留心及今而爲之其難有十倍於當日者然及今而不爲之則亦更無能爲之日矣印度越南朝鮮緬甸其前車也

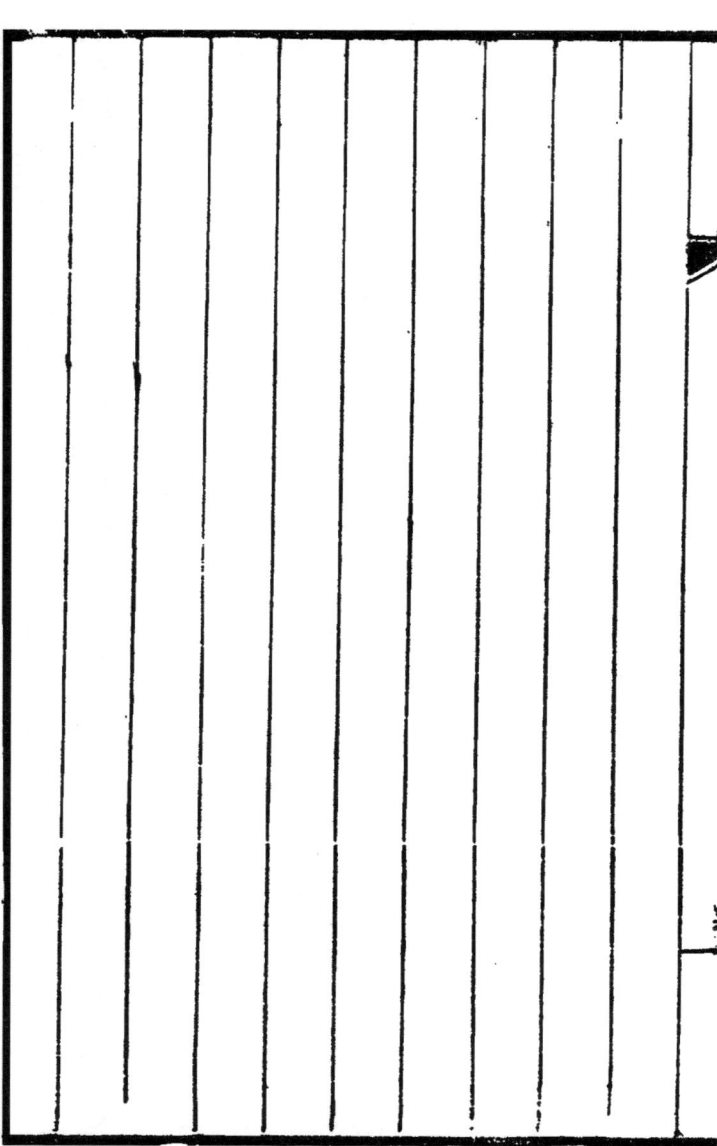

暢行日報說

泰西各國之興僅百年耳其內治外交何遽能若是之嚴肅清明君民一體也應之者曰合衆人之心以為心則理無不明合衆人之力以為力則事無不舉且利無不興弊無不去也其所以致此之由則始於日報而成於議院議院之制各國不同若日報則萬國風行均視為宣上德達下情察地形開民智盡物理之第一事而各國之君光榮安富國用益饒國勢益振而國體益尊隱與古人建鐸懸鞀陳詩采風之意合而益加精備乃挾其火器電報火輪舟車遂以縱橫六區憑陵上國者豈有他哉上下一心故也然其關繫之大者則

尤在商務游歷之使所以闢商途也一地圖一日記各報爭先快覩舉國風行心力目光畢注於是前者死後者繼雖千艱萬苦無一還心天下有不可成之事哉此日報之功一也條約之章所以保商務也約章登報愚智瞭然何者照約何者違約何者爲約中之利何者爲約外之意銷何貨遵何道工製之商運之億中先知尋聲赴響天下有不可收之利哉此日報之功二也天下通商各埠市情之長落物價之低昂五金百貨之多寡利鈍或函或電入之報中操奇計贏若辨黑白以明者敵瞽者天下有不可佔之便宜哉此日報之功三也探一新地也得一新法也成一新器也製一新物也著

一新書也不過潛德幽光孤芳自賞耳一登報而心得之精微流傳四海彼此互相印證聰明智力日進無疆天下有不可通之學問哉此日報之功四也此其大略也日報之有益於國計民生者更僕而難以悉數中國沿海沿江各埠雖有報館而推行未廣且多異國之人不免桀犬吠堯各為其主然而賑捐則繪圖帖說使觀者怦然動而各省多義民冤獄則據事直書使閱者懼然驚而地方少酷吏各國之情偽可以參稽互證而耳目漸開各埠之工商可以截短取長而聰明漸濬中國因循守舊無見無聞猶恃此報竇一隙之明以稍通癥結否則川流海溢暗退潛消使天下之人艱難困苦

無疾而終不自知其何以奄然忽斃也噫天生西人以貧中國弱中國如蠹之蛀如蠶之食如鯨之吞如蚊虻蚤蝨之專嗜人血而中國獨夐然高臥深入黑酣呼之而不聞也撼之而不覺也驚之聒之而褎如充耳也方且竊竊然疑之憧憧然惡之不以為愛我而以為擾人不以為有功而以為有罪中國之沉冥如此昏惑如此顛倒如此奈之何哉聖人之生不遠矣雖然泰西諸國之報固亦各有主名也有官報有民報有農報有礦報有工報有商報有政務報有教務報有學會報有天文報有地理報有物產報有海軍報有陸軍報有電務報有商務報又於商務之中分立蠶桑絲茶鋼鐵金銀

價值各專報有一日報有三日報有七日報有月報有季報有歲報其立報之始皆後於中國之京報日加推廣獲益良多中國國故朝章庶人不議然既欲振興商務何妨准各省分立商報以開耳目而收利權其農功礦務工藝三端又商務之本原出我之物出人官以與海內外諸邦相抵制者也國之所立者政政之所舉者用用之所需者財財之所入者稅稅之所出者商今天下商稅六千萬金不能保商何以立國以貧商敵富商以小商敵大商以愚商敵智商不敗何待不貧何待此年各省無一巨商而小民之生機日以窮蹙者職此故耳商部商政局所以維持其源而商報一端又所以

導萬商之智慮心思而日規深遠者也今商力衰矣民力竭矣海內之精神命脈祇有此數雖官清吏潔百計取盈猶不能供漏巵塞滄海況力除中飽其大害仍中於民非爲天下開一綫生機廣一分利賴決不足以支持危局也立商局以振之開商報以通之而後商務興商稅旺豐亨豫大其大利仍歸於國家此天下所爲禱祀以求亦操劵而可獲者也

分建學堂說

歐洲各國之人環歷地球區天下人種類爲四歐洲英法德俄諸國自命曰白人以亞西亞洲之中國日本蒙古朝鮮越南暹羅緬甸諸國爲黃人以阿美利駕南北兩洲之土番爲紅人阿非利加洲印度南洋萬島巫來由種族爲黑人歐人探地而西通商於南北美洲而紅人均爲所逐矣今美利堅巴西秘魯等國皆歐人也非美洲舊日之君長也繼也航海而東通商於南洋萬島而黑人均爲所吞矣如瓜哇渤尼蘇門答臘諸國見於有明朝貢典錄者今已無一存焉繼也通商於亞西亞洲英滅印度法殄越南英夷緬甸今暹羅朝鮮

亦岌岌矣僅存者中國蒙古日本耳終也通商於阿非利加洲五六年閒將非洲國土十餘分割淨盡無敢抗顏行者始之誘之也以商繼之服之也則以兵兵之所以必勝者火器也輪舟也輪車也電報也西人自謂其種出於印度而印度之婆羅門種實出於中華黃帝暮年巡狩崑崙弓劍橋山留此神明之胄即山海經之白民是已婆羅門者白民之轉音也則知黃種白種中西本出一源更無容同類相殘强分軒輊矣如日本三島實即海外之三神山秦始皇遣徐福率童男女三千人入海遂據地而君之倭者徐福之切音也今乃數典忘祖自詫天生抑知其始祖天皇皆在漢興以後乎彼

西人亦人耳非有牛首蛇身之異表也非有補天縮地之奇能也而所過拉朽摧枯鯨吞蠶食自中國日本土耳其波斯阿富汗數國尚能自立外自餘苟非歐人種族皆不能自守其宗社自有其土地自保其人民麥秀禾油家亡國破嗚呼慘矣西人之治兵與商也如腹背之相倚兵以護商商亦爲兵故其開疆拓土之初大半由於商會商會之所以能舉大事者一曰財二曰人其財力之富萃於公司數千萬金咄嗟立辦每舉一事闢一地以必得爲期不得不已其人才之衆多則皆出於商學滅印度之阿蘇飛乃商學中一少年司筆札者而深明大略文武兼資遂能萬衆一心禽其王而滅其

國拓數萬里之土地收八十兆之人民談笑指揮不逾數月可不謂鬼偉絕特矣乎而固無他謬巧也亦非別有神奇也一言以蔽之曰學而已矣西人於通商闢埠之區皆安家業長子孫設商學其學之淺者本國語言文字外國語言文字算數會計而已矣其深者則天文地輿測量繪畫文事武備光重化電諸學無不循序漸進深思力索務底於成略覩其天資之高下以爲斷此總學也至日後專習何業則又分設學堂如輪船公司則有管輪學堂也駕駛學堂也必由管輪學堂攷驗給憑而後汽機之利弊周知始可以爲大副矣必由駕駛學堂攷驗給憑而後海道之情形熟悉始可以充船

主矣輪車則有鐵路學堂也電報則有電報學堂也絲業則
有蠶桑學堂也製茶製糖製磁製酒製一切食用各物無不
有學堂開煤鍊鋼則有煤鐵學堂也紡紗織布則有織作學
堂也每挪一業必立學堂是以造詣宏深人才輩出凡一材
一藝之微萬事萬物之賾無不攷求整頓精益求精遂能挪
開大利之源盡奪華民之業而外國輪舟輪車電報火器以
及機器製作之屬入中國者永須用西人管理華人瞠目直
視束手而無可如何輪船商局之開二十有餘載矣各船船
主大副仍用西人歲費薪資六十餘萬局中每歲贏利亦不
過數十萬金是名曰收回利權而此項利權實永與西人共

之而無日可以收復者也欲徑將西人辭退改用華人則全船數十萬之金資數百人之性命又誰敢操刀學製輕試波臣西人駕之固亦間有失事者而華人之失事則若早在意中而不必期之意外者也日本通商後於中國仿行西法僅三十年今其國兵輪商輪皆自行管駕偏歷五洲無一西人羼雜卽此一事論之其優劣巧拙之相去遠矣無他一學一不學故也今中國商業資本數十萬數百萬或數千萬金者自宜各提公積倡立學堂如絲業則宜設蠶桑學堂茶業則宜設製茶學堂輪船江海遄行關繫尤鉅宜分設管輪駕駛兩學堂自餘紡紗織布鍊鋼開煤以及鐵道電報中西製造

各事每捌一業開一廠設一局均應附設一學堂或獨力創
興或數家合辦學成後入船入廠習練有成愚拙者爲工人
聰穎者爲總管嗣後無論擴充何事推廣何業分佈何地製
造何工需用何人取之宮中而皆備華人工價一切皆廉即
使上等英賨不甘小就工値與西人相等而所羸之利終在
中華免致守候稽延且所訂合同動以十年五年相挾天下
事固未有不學而能者亦卽未有學而不能者謂華人不若
西人妄也謂華人不若倭人則斷無是理不過人皆學而我
獨不學因循頹廢聽客所爲耳噫中國之受害也深矣華民
之受困也亦劇矣古之時財不在上則在下否則飽於中今

則不在於內而流溢於外爲節流之策者徒欲以磨鑄削柞搜括貪囊實則血已騰肉已飛今亦僅存皮骨耳無論散碎零星無濟於事彼官吏亦人耳又誰能枵腹從公概責以毀家紓難者大吏之耳目見聞有所不及敲骨吸髓其害仍中於民農也礦也工也商也皆取我地上地下本有之物製之售之以收外洩之利源而還之中國者也其事似難而實易其效似遲而實速其功似遠而實近其義似淺而實深其法似難取泰西而皆我三古聖王因利而利有德有人有土有財之正道而非舉通國之人講求整頓納之於學不爲功夫天下滔滔大抵皆中人耳惟有利而後能知義亦惟有養而

後可以獲利聖人立身行義舍生取義而治國平天下之經不諱言利且日亟亟焉謀所以利之者聖人之仁也即聖人之義也蓋爲天下之中人計也公其利於天下溥其利於萬民即以食其利於國家享其利於百世故天下之工於言利者莫聖人若也因益惡夫後世之賢人君子不以中人望天下而以上知責天下使天下之人既不能爲上知又不敢爲中人乃日皇皇然趨利避害狗苟蠅營舉世政儆俗偷甘溺於下流之歸而不自恤也噫世無聖人斯言誰信願仰而質諸好生無上至誠不息之天心